G000162987

Segunda edición: Izaskun Franco

ISBN: 9798550856253

Copyright© Izaskun Franco 2022

Ilustración cubierta: José A. Cast

Corrección final: José Manuel Rodriguez

Impreso en la UE – Printed

SIN PERMISO

Izaskun Franco

A las chicas de las cuatro.
Por ser bálsamo y antídoto de mi propia pandemia.

Izaskun Franco

You are hurting me

—Me estás haciendo daño.

She had nipples so irritated that the mere fact of lightly brushing
Tenía los pezones tan irritados que el mero hecho de rozarlos con
su lengua hacía que me encogiese. *made me shrink again at them*
tweezers
No era la primera vez que jugábamos con aquellas pinzas, las tenía
preparadas en su mesita de noche el día que puso todas las cartas *cards*
sobre la mesa. Reconozco que me vino muy de nuevo, pero fui una
jugadora amateur en su partida. *I admit that it came*

—Deberías haber leído mi perfil, antes de darle match a mi foto.

You should have read *matching my foto.*

afianzar – to consolidate,

además – besides, moreover, as well as, furthermore

CAPÍTULO 1

It's an open secret

Adoro el olor a café. *I like to stir two little sugars whilst*
Es un secreto a voces. Me gusta remover dos azucarillos mientras
disfruto del aroma que me regala el humillo de mi taza de café con
enjoying the aroma of the warm milk coffee up vapour gifts me.
leche tibia. Pedro, el camarero, sabe cómo me gusta, no necesito
repetirlo cada mañana, es una especie de idioma visual que se
afianza con el paso de los años. *a species (type) of visual*
language that consolidates (takes hold) over (time) the years
it accommodates
El interior del Hollie no es muy grande. Alberga no más de doce
mesas, tiene las paredes de madera y una barra demasiado oscura
help less souls
para mi gusto. Es el lugar ideal para las almas desamparadas, algo
confessional penance
as well así como un confesionario, para penitencia de los camareros;
as deberían darles un plus a final de mes por ejercer de psicólogos
as well además de cocteleros. *cocktail shakers. for working as psycologists*
as
Últimamente Pedro esta más risueño de lo normal, creo que esta
noche tiene planes, lo intuyo por la sonrisa que muestra desde que
su compañera, una rubia con coleta, ha entrado en la cocina. No
tenemos una amistad especial, aunque a veces me cuenta sus
cosas y nos dan las tantas filosofando de la vida, en ocasiones,
debería ser yo quien cobrase un plus por ejercer de terapeuta.
—Deja de hacerle ojitos a la cocinera y ponme la cuenta, capullo...
—¡Qué alegría Paula! hija, da gusto verte por las mañanas... ¿Otra
vez llegas tarde?
—¿Lo dudabas?
—La verdad es que no.
—Que te den.
—Yo también te quiero...

Sí, siempre llego con el tiempo justo al trabajo. No tarde, pero sí justito. Tengo unos veinte minutos en coche desde el bar hasta la calle Doctor Fleming, siempre que no pille atasco. Las oficinas son antiguas, pero desde la sexta planta, donde están ubicadas, se puede divisar el parque del Príncipe que me trae recuerdos de mi infancia. Siempre me gustó pasear por sus jardines y jugar con el agua de sus fuentes. En la pubertad apreciaba más los rincones oscuros y los bancos apartados de las farolas. 10:00 h y estoy en el parking del edificio.

Tengo por delante dos horas de reunión en las que trataré de convencer a la familia Fernández que contrate los servicios de Rice Events y sobre todo, que elija mi propuesta y no la de él.
Echo un vistazo de pasada a mi aspecto mientras cruzo por delante de uno de los espejos de la recepción: cabello divino, tacones de aguja, escote de escándalo... ¡Lista!
Tengo todo bajo control, menos los enormes ojos negros de mi compañero de oficina. Espero que se acomode en la otra punta de la sala de conferencias y pueda concentrarme.
Pensé en ponerme mi vestido provocador para distraer al enemigo, pero he decidido jugar limpio, así que luzco unos vaqueros de pitillo y una blusa de color negro.
La molestia de mis pezones al roce con el sujetador me está matando. Es la última vez que bebo más de la cuenta y abro el cajón de los desastres de la mesilla de Ian.

Recuerdo las ardientes escenas de sexo de la noche anterior y me ruborizo sin querer. No es el momento de revivir la excitación vivida sintiendo sus manos sujetar mis muslos con fuerza, a fin de saborear mi sexo con su boca. No, no es el momento en medio de una reunión de trabajo, pero mi mente es caprichosa y no puedo dejar de pensar en sus labios carnosos unidos a los míos...
¡Joder! Hace mucho calor aquí.

Me levanto para encender el aire acondicionado. No se pone en marcha y lo necesito para calmar al séptimo de caballería que llevo entre las piernas. O consigo hacer funcionar este cacharro o me van a salir tres rombos por los ojos.

—Buenos días, Paula ¿Necesitas ayuda?

—Buenos días, Lucas... No tranquilo, ya puedo yo.

Cuando se aparta de mí, golpeo el aparato con rabia contenida y por fortuna, se conecta. Miro de soslayo a Lucas con el ceño fruncido. Sé que le encantaría mandar mi trabajo al traste, no es la primera vez que lo intenta y yo estoy en desventaja porque tiene una relación estrecha con el dueño de la compañía, gracias a una sobrina ligerita que se encaprichó de él. No es oficial, pero todo el mundo sabe que ha dado un braguetazo con Alicia, a los que pillaron practicando el cunnilingus en un rincón del comedor de personal.

¡Mierda! No tendría que haberme imaginado eso, ahora me dolerán los pezones. Necesito centrarme y conseguir que apuesten por mi proyecto, no puedo tirar por la borda este año de trabajo.

Presto mis servicios en una empresa de eventos y en los últimos años he mostrado menos interés que a la serie de moda que seguían mis amigas.

Pero el diecinueve de marzo del año pasado llegó el chico de los ojos negros y puso mi vida patas arriba. Sobre todo, la profesional. Siempre tenía la frase o la pregunta perfecta para hacerme pensar si era todo lo que tenía que ofrecer a la empresa o si podría haberlo hecho mejor. Al principio era una relación de amor-odio, pero con el tiempo se ha convertido en mi mayor maestro y aliado. No es nada del otro mundo: estatura media, complexión media y media sonrisa; vamos, que de cruzármelo por la calle ni repararía en él. Es su interior lo que seduce. Si profundizas ya no tienes escapatoria. Admiro su capacidad de adaptación, su condición resolutiva, su don de gentes... Aunque si algo destaca por encima de cualquiera de sus cualidades es su maravillosa y brillante mente. Se casó hace apenas un año. Cuando coincidimos en el comedor o en la cafetería no hablamos de su mujer, su familia o sus amigos. Su vida privada es un tema tabú. Por lo general es un chico muy respetuoso.

Pero a veces juega a seducirme, y yo hago como que me seduce. Se ha convertido en nuestro deporte favorito del día, es divertido oírle decir con total convicción: «¿Por qué no te habré conocido antes?». «¡Ay! si tú quisieras y yo me dejara...» «¡Pues yo te lo haría!»

Todo forma parte del mismo paripé, es simplemente un juego, pero en realidad se le ve feliz con su mujer. Jodidamente feliz.

Coloco mis apuntes en la mesa, los compañeros van llegando y yo hago un esfuerzo para concentrarme. Ha llegado la hora de exponer mis ideas para la celebración de las bodas de oro de los Fernández. Y pienso ganar esta partida.

CAPÍTULO 2

—A mi no me parece bien, no digo que sea malo. Es solo que me parece cruel.

—Ay Patri, ¡qué antigua eres!

—No, anticuada no, Elisabeth. Es que esto parece un catálogo de hombres a la venta...

—Es que es un catálogo de hombres a la carta. Que yo sepa no se prostituye ninguno, si fuera así Paula no se habría descargado la aplicación, que está siempre a dos velas.

—¡¿Eh?! Que estoy aquí bonita, no hables como si estuviera ausente. ¿Alguien quiere otra cerveza?

Lisa tenía razón, siempre estaba sin pasta y lo sabíamos, pero no es plato de buen gusto, molesta más oírlo en boca de otros. De todos modos, no hace más asunto, es viernes, nuestro «San Viernes», día de chicas y cerveza, sagrado para Elisabeth, para Patricia y para mí.

—Pedro, otra ronda de cervezas por favor y alegra esa cara que hoy estás muy mustio.

—Lo que estoy es frito, cualquier día cojo los bártulos y me voy, ya estoy harto...

—Que sí, que sí, la misma canción de siempre.

Sabes que puedes aspirar a algo mejor, si no lo haces es porque no quieres, así que sonríe y deja de quejarte.

Pedro es licenciado en ciencias económicas, fue a parar al Hollie por orgullo, su padre le dijo que estaba comiendo de la «sopa boba» y que no sabría poner ni un café fuera de casa; y allí estaba, llevando la bandeja hacía más de dos años.

Había pensado mil veces en retomar su profesión y dejar el Hollie, pero era más perezoso que inteligente.

Vuelvo a la mesa con la última cerveza, entre semana no solemos alargar demasiado la reunión, Patri ha quedado para cenar en casa de su suegra y a Elisabeth le espera el chico al que acaba de darle Match... Tuve la sensación de que las chicas estaban hablando de Ian, aunque no las había podido escuchar, lo intuí porque se han quedado calladas cuando he llegado.

Ninguna de ellas aprueba mi relación con él, no las culpo, estar con Ian es subirse a una montaña rusa con la incertidumbre constante de no saber si cuando se pare la atracción podrás volver a subirte o se habrá esfumado en mitad de la noche y no volverás a verle nunca más.

...

Lo conocí en una app. Yo llevaba dos años sola y él nueve meses. Al principio todo era un intercambio de fotos y canciones de artistas desconocidos en la industria musical, nunca planeamos conocernos en persona. Ambos estábamos escarmentados y poco receptivos. No queríamos nada del otro más allá de un mensaje de buenos días. Una historia *on line* más del siglo XXI entre dos desconocidos. Éramos algo así como compañeros virtuales, alguien al que poder contarle tus inquietudes y aventuras sin temor a ser juzgada. Pasados los meses, la comunicación se hizo más asidua y la galería de fotos de nuestros móviles aumentaba. Intercambiábamos lugares, comidas y algún que otro selfie sin importancia. Seguíamos sin hablar del hecho de conocernos, pero la curiosidad era más intensa, al menos por mi parte. Nunca se lo dije, pero lo pensaba muchas veces. ¿Qué pasaría si nos atreviésemos a compartir un café? Y sin planearlo, como por arte de magia, al día siguiente ese momento llegó.

Llevaba toda la mañana intercambiando ideas con el dueño del restaurante que se encargaría del catering de los señores Fernández. Se estaba complicando un poco más de la cuenta debido al elevado número de variaciones que debíamos añadir al menú. En la lista de invitados aparecían dos veganos, un invitado con alergia a la lactosa y dos alérgicos al gluten.

Si hubiera sido un catering tipo buffet no habríamos tenido tantos problemas. La cosa se complica en el momento que el cliente quiere una atención en mesa en todo momento y no quiere ver distinciones en el menú. ¿Alguien sabe cómo disfrazar un plato para que "parezca" lechona, pero que sean verduras?

Acabo de darme cuenta de que es la hora del almuerzo, no tengo intención de compartir mesa en el comedor de personal, así que voy a darme el capricho de comer cerca de la oficina. Hay un bar de menús diarios a apenas diez minutos del Rice, hacen los mejores variados de todo Cáceres.

Me encanta desconectar de la oficina, salir, que me dé el aire, disfrutar del café y la lectura. Hace un mes que paseo el mismo libro y tengo ganas de acabármelo, aunque me cuesta no distraerme con el sonido constante de mi WhatsApp.

Mensaje nuevo:
—¿No estarás en la oficina por casualidad?

El mensaje de Ian me hizo temblar, era la primera vez que me preguntaba algo así. Dudé en si decirle que estaba en una reunión, pero las ganas me vencieron y contesté al mensaje sin pensármelo dos veces. Estaba echa un manojo de nervios, pero era absurdo hacerme la interesante. Cogí el teléfono sin pensarlo demasiado y contesté. No reparé en el estado de mi pelo ni en mi ropa.

¡Mierda! ¡Para una vez que voy de *sport*! ¡Puta ley de Murphy!

Quizá sí tendría que habérmelo pensado un poco, tendría que haberme inventando alguna excusa o en el mejor de los casos, haber corrido hasta mi apartamento y volver divina con el vestido rojo, el de la espalda al aire. ¡Joder! Ya era demasiado tarde para arrepentirme, estaba hecho. Es la historia de mi vida: «Primero actúo y luego pienso». No tengo remedio... siempre he sido demasiado impulsiva.

—No, pero estoy cerca.

—Me han pasado un cliente por tu zona y tengo veinte minutos libres ¿Quieres un café?

—Vale —contesté.

Desde que envié el mensaje hasta que llegó, pasaron menos de quince minutos, los quince minutos más largos de mi vida.

Y ahí estaba él, saliendo de su coche.

Vi como se aproximaba al bar desde la ventana, lo recuerdo como si viera una *peli* en blanco y negro a cámara lenta, era más alto y musculoso de lo que me esperaba. Vestía una gran sonrisa y un traje de chaqueta azul oscuro. En ese mismo instante odié más que nunca mis zapatillas de deporte.

Ian pisaba firme y seguro, se contoneaba divertido, tanto que su pelo parecía que se movía al compás de un tango, sus ojos atravesaban el cristal, sin desviar su mirada de la mía.

Cuando entró, su perfume se expandió por toda la sala, no pude más que sonreír desde lo más profundo de mi ser. Creo que encogí cincuenta centímetros porque cuando lo tenía a escasos metros me sentí la mujer más pequeñita del mundo.

Me levanté y lo recibí con un abrazo, supongo que duró apenas diez segundos, lo suficiente para imaginar que esos brazos y esos labios prometían...

CAPÍTULO 3

Observé meticulosamente sus ojos marrones, sus labios carnosos y su sexi y marcada mandíbula. Hasta ahora no me había percatado de lo atractivo que era, supongo que no le di demasiada importancia a esas cosas, su personalidad y sobre todo su mente ya me habían atrapado.

La conversación fue amena y divertida. En ningún momento pensé que hablara con otra persona, se mostraba tal y como lo hacía hasta ahora tras el teléfono móvil.
Era un chico divertido, con una vida muy intensa, admiraba su manera de contarme las cosas que le habían pasado en su infancia, como describía los lugares que visitó y como me hacía partícipe de sus inquietudes. Contaba tantas anécdotas que me daban ganas de apuntarlas en un papel para revivirlas. Lo mejor de las historias es siempre el narrador y en ese aspecto Ian era uno de primera.
Cuando nos quisimos dar cuenta, los veinte minutos se habían convertido en hora y media y había que volver al trabajo. Me hubiese encantado detener el tiempo, pero llegaba el momento de despedirnos.

«No te vayas, quédate.»

Repetí cien veces esa frase en mi cabeza. Olía demasiado bien como para que se fuera y tener que volver al olor de la oficina, al estrés de sus paredes, a las risas congeladas de los compañeros de mesa.
Por un momento pensé en raptarlo, pero era improbable que hubiese podido moverlo, pesaba el doble que yo, así que bajé de la

nube, ignoré mis impulsos, sonreí hasta parecer jodidamente diplomática y lo dejé ir.

Ian me acompañó hasta el coche.

—No ha estado mal, ¿eh? Creo que podría aguantarte un ratito más. Incluso, podría repetir.

—Ah, ¿sí? —le dije.

—Sí, chica simpática. Por cierto, eres más fea en persona... ¿Lo sabías?

—Bueno, tú no eres tan inteligente como te crees.

—Eso hay que discutirlo ¿Y si quedamos otro día para cenar? —preguntó Ian.

—Me parece bien —le contesté.

Cuando arranqué el coche, sonó el móvil, era un mensaje de Ian. No quise abrirlo. Seguí conduciendo rumbo a la oficina pensando en si yo habría causado la misma impresión en él. Divagué todo el camino de vuelta, aprovechando los semáforos en rojo para seguir fantaseando hasta llegar al Rice. Por el espejo retrovisor pude ver que mi coleta se había torcido un poco dejando caer algún que otro mechón de pelo por los lados y que me hacía parecer un poco infantil.

Sonreí avergonzada.

Aquello me había pillado totalmente desprevenida, no fue como me lo había imaginado. Cuando quedas por primera vez con alguien con quien llevas tiempo hablando normalmente tienes tiempo de planificar las cosas, elegir la ropa que te vas a poner, preparar un arsenal de preguntas perfectamente elegidas entre tus amigas y tú para no quedarte sin tema de conversación, depilarte por si la cosa se pusiera interesante e incluso (si eres muy optimista) dejar un neceser en el coche con todo lo necesario para el día siguiente por si terminas durmiendo fuera de casa. Pero sin cita previa estás desarmada y no te queda otra que improvisar.

Hacía diez minutos que nos habíamos despedido y ya estaba deseando volver a verle. Había disfrutado mucho de su compañía, quizá demasiado... Supongo que ese fue el motivo de que me diese tanto miedo leer su mensaje.

Señorita Simpática ha sido un verdadero placer tomar café con usted, me alegra mucho saber que no es una psicópata, aunque tenga una sonrisa suicida. Quedo a la espera de su disponibilidad para el próximo encuentro.

Pórtese bien.
Ian.

«¿Pórtate bien? No me lo puedo creer... ¡Pórtate bien!»

La carcajada llegó hasta el despacho del chico de los ojos negros y saltones (pongamos que se llama Felipe, por ponerle algún nombre). Creo que con el rubor de mis mejillas podía iluminarse toda la sala de reuniones del Rice Events. Quise disimularlo, pero no podía. El día había dado un giro de ciento ochenta grados y lo que había comenzado como cualquier día en la oficina, terminó siendo un *rasca y gana* de la ONCE con premio.

Felipe se asoma a la puerta de mi despacho y me sonríe divertido. No hace falta que hablemos, intuye que ha pasado algo hoy. Ha puesto esa sonrisa picarona y retorcida de «ya me lo estás contando». Y yo le he devuelto la sonrisa con un movimiento rápido de cejas a lo «no te lo voy a contar». Se ríe de nuevo y se aleja mientras me dice que yo soy lo peor.

Reviso la bandeja de entrada antes de irme a casa, tengo tres correos electrónicos de Isabel con relación a las bodas de oro de sus padres. Tiene dudas sobre la temática de la sala, le gustaría tener antes del viernes los presupuestos del catering, de la floristería y que le busque alternativas al grupo de música que había confirmado la semana pasada.

La hija de los señores Fernández me está ayudando con los preparativos. Es una mujer muy agradable, tiene un bufete de abogados cerca de la avenida Cánovas, está siendo de mucha ayuda en cuanto a la organización.
Intercambiamos ideas y algún que otro WhatsApp informal acerca de los nervios que le provoca que llegue el día y tenga que sentarse con su hermano en la misma mesa.
Sé que no debería consolarme, pero a veces es gratificante ver que en todas las casas cuecen habas.

Nuevo e-mail

De: felipecastilla@riceevents.es
Para: Paula

—¿Y esa sonrisa? ¡Tú has follao!

De: paulamarquez@riceevents.es
Para: Felipe

—No trabajes mucho que tu señora se mosquea.

¡Hasta mañana!
Paula.

CAPÍTULO 4

7:00 h Odio tener la hora cogida. Remoloneo antes de levantarme de la cama. Es sábado y no tengo planes más allá de hacer un par de cañas con las chicas. Debería ir a comer a casa de mamá, pero me da mucha pereza.

Juego con mi pie y el tacto de mis sábanas. Adoro el olor a limpio, a fresco, me mullo entre la almohada mientras imagino que le estoy abrazando a «él».

¿A qué olerá por las mañanas? Seguro que huele a delicatessen...

Si Ian estuviera aquí, me sumergiría entre estas mismas sábanas y recorrería cada milímetro de su piel con la yema de mis dedos. Jugaría divertida mordisqueando sus pezones erectos resultado del movimiento de mis manos en su sexo y le desafiaría con un juego de pestañas. Estoy fantaseando con tanta intensidad que la humedad entre mis piernas empieza a ser visible, mi corazón se acelera, el calor me invade y tengo unas ganas inmensas de apretar su miembro y acercarlo a mí, que me haga suya. Pero no está en mi cama y es demasiado tarde para dejar de pensar en sexo.

En estos momentos son mis pechos los que asoman firmes entre mis sábanas, no hay como retroceder el proceso, y me dispongo a calmar mis ganas con mis propios dedos, mientras imagino su lengua pegada a mi vértice y sus brazos agarrándome con fuerza las nalgas. Dentro de mi mente hay toda una revolución solar. Ya no tengo escapatoria.

Con la imagen de mis mejillas en llamas y el temblor de mis piernas abandono la cama y abro la ventana que me esconde del mundo de los vivos. Frente al somier hay un espejo, sonrío traviesa... no ha sido como estar con él, pero me siento satisfecha. Ahora necesito una buena ducha y un café para volver a ser persona.

¡Rutina hecha!

Contestar mensajes de WhatsApp, revisar Facebook, Instagram y cuenta bancaria. Lo sé, lo sé, debería poner:
Meditación hecha, hora de yoga realizada y libro leído, pero... para qué nos vamos a engañar, soy más de redes sociales que de *Mens sana in corpore sano*.

Lisa y Patri proponen ir a La Habana a tomar unas cañitas, en la calle Pizarro que es nuestro lugar favorito para ir de tardeo. Es un lugar multicultural, cada uno de sus bares tiene una magia especial, en ellos hay unas mezclas brutales de gentío, bohemia, artistas, visionarias, clásicos y vanguardistas. Es difícil elegir uno, depende del momento y el grupo de amigos con el que vayas, sin embargo, para nosotras La Habana siempre ha sido nuestro rincón de «confesiones» y en mi caso, el lugar ideal en el que disfrutar los domingos de largas partidas de ajedrez.
—Buenos días, chicas nos vemos a la 12:00 h en la puerta de La Habana.
—Perfecto ¡No llegues tarde! —contestaron.

«Me encanta que mis amigas tengan tan buen criterio de mí».

Miro el reloj, son las doce y un minuto, me sonríen divertidas desde la puerta. Vuelvo a llegar la última, les hago un gesto de derrota mientras me acerco y me pegan palmaditas en la espalda burlonas.
—¡Cuéntalo todo! Quiero pelos y señales, quiero saber qué sentiste, qué pensaste, qué ha pasado desde entonces... ¡Todo!
—Respira Patri, que se te van a saltar las pestañas postizas...
—Claro, como tú eres más rancia que chupar un limón, no estás tan emocionada como yo, Lisa...

—Una cosa es ser rancia y otra muy distinta es ser una histérica y tú estás rozando el histerismo. Solo ha sido un café Patricia, respira...

—Bueno chicas, haya paz.

Aunque parezca lo contrario Elisabeth y Patricia se adoran, son el Yin y el Yang, la noche y el día, el agua y el aceite, pero se adoran... Para ser francas, las tres éramos totalmente diferentes, creo que esa fue la clave para que nuestra relación fuese un verdadero éxito.

Elisabeth y yo llevábamos juntas desde el colegio. Hasta 5º de EGB fue un colegio femenino, después se volvió mixto y empezamos a doblarnos las faldas del uniforme para enseñar un poco más de carne...

Lisa era muy alta y delgada, siempre fue la «guapa» de la clase, bastante aplicada y de buena familia. Nuestra amistad surgió desde el primer minuto en que nos vimos, éramos muy similares, una niña de carácter fuerte como el mío. Si por separado éramos peligrosas, juntas éramos una bomba de relojería. Lo que no se le ocurría a una, se le ocurría a la otra.

A Patricia la conocimos después en una fiesta de universitarios, vino acompañando al hermano de Fabián. Se acababa de mudar a Cáceres, venía con ganas de conocer gente y mucha predisposición a agradar, la cosa no pasó de un par de copas y trescientos *selfies*...

Al día siguiente Facebook hizo el resto, estábamos etiquetadas en un álbum de esos que te gustaría que no hubiesen aparecido nunca en tu página principal.

Pensamos en matarla, pero al final optamos por conocerla un poco más, y tras muchos años de amistad, éste fue el resultado.

Éramos tres amigas inseparables.

—¡Cómo te gusta hacerte la interesante, Paula!

—¿Nos lo vas a contar o no?

—La verdad chicas, no sé qué deciros, hasta ayer no había reparado demasiado en el tiempo que hace que no hablamos, pero esta mañana pensé que después de cuatro días, si no sé nada de él es porque quizá no fue tan bien como yo creía.

—¿Y por qué no le escribes tú?

Lisa y yo nos miramos, y rompemos a reír… hay una ley no escrita entre nosotras que dice: «Si no te escribe al día siguiente es que no le interesas».

—No Patri, no le voy a escribir. Quizá no fui lo que él esperaba, hasta ahora hablábamos a diario, después del café no he vuelto a saber de él, no creo que me lo tenga que explicar, está bastante claro.

Lisa levanta su copa en señal de apoyo y grita:

—¡Amén, hermana!

—Yo no lo veo tan claro como vosotras, quizá tenga mucho trabajo, o haya tenido algún percance, no lo sé…

Pero opino que es una tontería estar esperando a que te digan "Hola" pudiéndoselo decir tú. ¿Tienes algo que perder?

—No —contesté.

—Pues escríbele…

De camino a casa las palabras que me había dicho Patri se repetían en bucle dentro de mi cabeza. ¿Tienes algo que perder? Por más que hubiese querido argumentar mi contestación -respuesta-, dentro de mí sabía que la respuesta era no. ¡Cómo odiaba que fuese tan buena maestra! siempre tenía el consejo más cauto, más acertado, más maduro.

Jamás perdía la calma, Patri era sin duda la más serena y madura de las tres. Supongo que éste era el motivo por el cuál es la única que está casada y, después de seis años de matrimonio, sigue diciendo que Max es el hombre de su vida.

Y seamos sinceros, lo es.

Al llegar a casa cojo mi teléfono y abro su conversación, en su último mensaje me decía que fuese buena, quizá tendría que haberle contestado que él también, en vez de ese escueto «Yo también he disfrutado de su compañía». Habrá pensado que soy una sosa, quizá la culpa de que no me haya vuelto a escribir sea mía...

Empiezo a escribirle un mensaje:

"Hola ¿Todo bien al otro lado del teléfono?"

Borro el mensaje.

"Buenas noches, hace días que no hablamos... ¿Estás bien? Me parece raro no saber de ti."

Borro el mensaje.

"¡Toc, toc!"

Borro el mensaje.

«¡Me cago en Patricia un millón de veces!»

Como odiaba ser tan insegura.
Suelto el móvil y me voy a hacer la cena, con el estómago lleno se piensa mejor. No hay mucho para elegir, tendría que haber ido al supermercado esta mañana, pero la sesión de sexo me retrasó todo el día, había merecido la pena, claro, pero ahora tenía que elegir entre un plato de pasta recalentado o un bocata de chorizo. Pero no de cualquier chorizo... Chorizo de Arroyo que es mi favorito, mamá me trajo un par de onzas de casa de mi tía, parece que ha de ser

igual que el del supermercado, pero lo que sale de la casa del pueblo, sabe mejor.

Ya en la cama con la luz de la pantalla del móvil alumbrándome en la cara, respiro hondo y lo vuelvo a intentar. No estoy segura de si debería escribirle o no, pero seguía con la frase de Patri en mi cabeza y sabía que de no hacerlo, no pegaría ojo en toda la noche.

«Buenas noches, espero que estés bien»

Enviado.

...

10 minutos más tarde

Leído.

...

CAPÍTULO 5

Como era de esperar esa noche no pegué ojo. Ian leyó mi mensaje, pero no contestó. Maldije el no haber pensado a tiempo que lo único que tenía que perder si le escribía era mi dignidad... Ahora ya estaba hecho. No sé en qué momento empezó a importarme más de la cuenta, me sentía triste y ridícula. Presentía que iba a ser un domingo intenso, de esos que te los tomas para ti, para estar contigo y sentirte cerca. Desde que era niña siempre sentí los domingos como el día en el que reflexionar lo vivido durante la semana y hacer «borrón y cuenta nueva». No tenía ganas de hablar con nadie, encendí incienso con olor a lavanda y apagué el móvil. Me sumergí en un baño de agua caliente, el vaho parecía acariciarme, mis piernas dejaron de pesar y mi cuerpo se evaporó. Siempre había conseguido relajarme con un baño de espuma, no había nada que no se llevara el agua cuando levantaba el tapón de la bañera.

Era un efecto terapéutico brutal.

Tenía de fondo la última pista de música que me pasó Ian por Spotify, la había escuchado tantas veces que me sabía la letra de memoria. Entre todas, mi favorita era "El Tango de Roxanne" del musical Moulin Rouge. Se me ponían los pelos de punta cada vez que se le desgarraba la voz al cantante, era tan intenso que podía sentir el sufrimiento de sus cuerdas vocales. Conecté el ordenador y empecé mi rutina. Esta vez no acompañaba mi café del desayuno, sino que velaba mi plato para la hora de cenar. No tenía apetito, pero me estaba obligando a comer un poco antes de dormir.

Facebook: Tres notificaciones, entre ellas recuerdos del año pasado. Instagram: Una notificación, una solicitud de amistad, un mensaje privado.

¡IAN! El mensaje privado de Instagram decía que si le pasaba algo a mi móvil.

Pegué un salto de la mesa y me abalancé sobre mi teléfono, estaba ansiosa por saber que me había escrito. Apenas lo encendí empezaron a llegar notificaciones de WhatsApp de los distintos grupos que tenía, tres mensajes de mi madre y uno de él, me temblaban las manos.
Ignoré el resto de los mensajes y me fui directa a su chat.

—Hola, discúlpame. Ha sido una semana de locos, salí con los chicos el jueves y me dejé el móvil en casa de uno de ellos, me han estado puteando hasta hoy, creía que lo había perdido. ¿Si te invito a cenar mañana... me perdonas?

¡Sí! ¡Sí! ¡Sí! ¡Sí! Estoy corriendo por el salón, con el móvil en la mano y el corazón golpeando a toda velocidad contra las cuatro paredes de su capacidad torácica.

¡Ay, madre! Está en línea...

Escribiendo...

—¿No me vas a contestar?

Quería pensarme bien la respuesta, no parecer desesperada, ni histérica, lo había estado odiando y extrañando al mismo tiempo durante todo el día, pero no pude escribir más que un escueto...
—Sí.
—Sí, ¿qué?
—Sí, quiero ir a cenar contigo mañana

—Así me gusta...

Mañana te digo lugar y hora, que descanses mujer de la sonrisa suicida.

...

He dormido como una osa después de aparearse. Desde hoy, los lunes se han convertido en el mejor día de la semana. No sé a qué hora quedaremos ni dónde vamos a ir, pero la verdad... me parece totalmente irrelevante. Visto mi mejor sonrisa y tengo ganas de volver a verle. Sobre la mesa de mi despacho «perfectamente ordenada» hay un sobre blanco. Estoy rozando el trastorno obsesivo compulsivo, lo sé... Mi jefe se pone de los nervios cada vez que me cita en su despacho y coloco, sin disimular, hasta lo más mínimo de su mesa mientras él está hablando del trabajo pendiente y de los presupuestos. En la parte de atrás del sobre hay escrito a bolígrafo negro la palabra Instrucciones. No recuerdo que esté participando en ningún tipo de yincana de esas que se han puesto tan de moda entre las empresas para motivar al equipo. En las que un súper gurú que ahora se llama coach (en inglés todo suena bien y da menos yuyu) te dice que confíes y te dejes caer, que tu compañero de al lado te va a recoger... Si evitar la hostia de Lucas dependiese de mí, yo sé de uno que iba a quedarse sin sexo en una larga temporada.

Dentro del sobre hay una pequeña cartulina blanca.

Cena y espectáculo (informal)
A las 20:00 h en la Concatedral de Santa María.

Firmado:
Un chico muy tonto.

Marco el número de extensión de la recepción del Rice, y corto a Laura antes de que me suelte todo el mensaje de agradecimiento por ponerme en contacto con Rice Events...

—Laura, soy Paula.

—Buenos días, Paula ¿qué necesitas?

—¿Has dejado tú el sobre blanco en mi despacho?

—Sí, un comercial lo ha dejado para ti está mañana. ¿Hay algún problema?

—Ninguno.

Vaya con el chico tonto, ahora se dedica a dejarme notitas en la oficina. Si tuviéramos que ir a juicio negaría hasta la saciedad que me ha parecido jodidamente romántico.

«Pero entre tú y yo... me lo ha parecido».

Confirmo mi cita con Ian e intento seguir trabajando. Han llegado nuevas propuestas para la organización de un bautizo y una comunión. Me encanta mi trabajo. Cada evento es una nueva oportunidad donde dejar aflorar toda la creatividad y el ingenio. No hay cabida para la monotonía.

Tengo que consultar varios temas de los señores Fernández con el equipo de marketing, Felipe es el encargado de seleccionar los decorados y de revisar los montajes.

Nuevo e-mail

De: paulamarquez@riceevents.es
Para: Felipe

—¿Estás en tu despacho? He visto que Lucas iba al estudio y no quiero cruzarme con su ironía.

De: felipecastilla@riceevents.es
Para: Paula

—Sí, está aquí con su «Lady lingus» a punto de enseñarnos el PowerPoint de las vacaciones del señor Rodríguez. ¿Te aviso cuando se vayan? Tú y yo señorita, tenemos una conversación pendiente...

De: paulamarquez@riceevents.es
Para: Felipe

—Nada que añadir señoría...
Avísame.

16:00 h Felipe termina de darme su teoría acerca de porque las luces con forma de guirnalda para decorar el exterior de la carpa deberían ser nuestra mejor propuesta.
Sinceramente, estoy pensando en todo menos en las luces led del jardín de los Fernández.
Así que apruebo la idea y la incluyo en el *planning* sin poner resistencia...
—¿No vas a debatir mi propuesta?
—No Felipe, me parece una buena idea y entra dentro del presupuesto.
—¿Me das la razón como a los tontos, Paula? ¿Dónde está la chica peleona de la que me he enamorado?

Quería contestarle que estaba pensando en su cita de las 20:00 h, pero eso supondría afirmar que tal y como él me venía diciendo, Ian me gustaba más de lo que yo creía y él se estaría regocijando con mi confesión el resto de la semana y no estaba dispuesta a darle tal placer.
—Seguramente esté de shopping. Los dos sabemos que tu mujercita se enamoró de tu cuenta bancaria.
—Eres terrorífica —musitó.
—Lo sé.
—Pues nada chica misteriosa, cuando quiera contarme lo que le está pasando me encontrará en la extensión 506 de su teléfono por cable.
—Tomo nota, ojitos saltones.

Tengo el tiempo justo para llegar a mi apartamento y cambiarme de ropa. Estoy tan nerviosa que no sé qué me voy a poner, el WhatsApp que mandé al grupo de las chicas, ha dado para un sinfín de mensajes que no voy a tener tiempo de leer.

Patricia me ha mandado entre otras cosas un GIF de una mujer haciendo el baile de la victoria. Intuyo que no solo está feliz por mi cita de hoy, sino que además está satisfecha por el consejo que me dio el fin de semana...

Lisa va de lleno con un arsenal de emoticonos de connotación sexual, berenjena, plátano, boca, gotas de agua, donuts y más berenjenas... ¡Adoro a esta pequeña diabla!

CAPÍTULO 6

La Concatedral de Santa María se encuentra en el corazón de la ciudad monumental de Cáceres. Sus calles son empedradas y se respira tanta magia que tienes la sensación de que, en cualquier momento, va a salir un dragón de sus callejones.

La iglesia está compuesta de una sola torre, se construyó entre el siglo XV y el siglo XVI, de estilo románico de transición al gótico. En su interior se encuentra el «Cristo Negro». Cuando era pequeña mi madre me llevaba a ver la procesión. Me imponía el silencio perpetuo de los fieles creyentes, sus miradas cabizbajas, el fervor, el respeto que imponía. Cuenta la leyenda que no puedes mirar al Cristo a los ojos o te quedarás ciego... A mis casi 30 años, sigo sin atreverme a mirar su rostro de frente.

Ian esperaba apoyado en los pies de la estatua de San Pedro de Alcántara. ¿Será una señal? Me paro frente a él y le observo divertida. Está tremendamente guapo. Debe de conocer la historia de dicha estatua porque lo primero que me dice es que no tiene intención de pedirme la mano.

—Las 20:05 h señorita.

—Lo bueno se hace esperar ¿no crees? ¿A dónde vamos? —pregunté.

—Esta noche hay música en directo en el Corral de las Cigüeñas. Vamos a picar algo primero. ¿Estás preparada?

—Creo que sí —contesté.

Apenas caminamos cinco minutos por ese idílico lugar, demasiado corto para un sitio tan semejante a un cuento de «Príncipes y Princesas». Ian se disculpó por lo sucedido durante el fin de semana. Yo me hice la interesante argumentando que no me había parecido tanto tiempo su ausencia...

«El Cristo Negro ha debido de quedar carbonizado ante tal embuste».

Hay una mesa reservada a nombre de Ian Sánchez en el restaurante Bouquet, una tapería donde siempre había querido ir por culpa de su explicita descripción acerca de su majestuoso plato de pulpo a la brasa y su ensalada de gambones. Tengo la sensación de que sonrío demasiado.
A veces me atraviesa con la mirada, es como si quisiera ver más allá de lo que está viendo. Me pone muy nerviosa y a la vez me gusta, nunca me habían mirado así. Si me sigo tocando el pelo saldré del restaurante siendo la hermana gemela de Simba...
—¿Por qué estás nerviosa? —me pregunta Ian con voz serena.
—No estoy nerviosa, estoy bien. Aunque me sigue pareciendo raro tenerte enfrente y no al otro lado del teléfono.
—Si quieres volvemos al WhatsApp —propone.
—¿Y volver atrás? No gracias, disfruto de tenerte cerca —contesté.
—No te confundas Paula, no ha cambiado nada, sigo sin tener intención de conocerte más allá de esta cena. Creo que eso lo teníamos muy claro desde el momento en que empezamos a conocernos, ¿verdad?

Con un nudo en la garganta y la sangre congelada, conseguí contestarle sin tartamudear un pausado:
—Verdad, Ian, verdad...

Intenté que aquellas palabras no me afectaran, seguir sonriendo como si no me hubiese acabado de decir que esta cena era por compromiso. De no haber perdido el móvil, creo que no se hubiera dado.

¡Ojalá nunca hubiéramos hecho ese maldito café!

No tenía ganas de seguir allí, quería irme a casa. Seguimos en el restaurante... Lo sé porque la camarera atiende nuestra mesa y me sigue sirviendo vino, sin embargo, hace tiempo que no estoy allí, que dejé de sonreír y me olvidé de mi pelo. Pedimos la cuenta y caminamos hacía el Corral de las Cigüeñas, apenas tardamos un minuto, pensé en despedirme y volver a casa, pero estaba paralizada, no podía decidir con claridad. Una parte de mí quería salir corriendo, la otra quería ver cómo terminaba la noche, aunque dudase mucho de que la cosa pudiese mejorar, ambos estábamos incómodos desde que habíamos salido del Bouquet.

—¿Te apetece? —pregunta Ian dudoso.

—No estoy segura... ¿Tú sigues queriendo ir? Porque hace un buen rato que estás muy callado...

—Sí ¿por qué no? —contestó—. Siento si te he decepcionado en el restaurante, sabes que no estoy preparado para tener una relación, se me da fatal. Créeme Paula, hago mejor de amigo...

—Suena mejor esto que lo que dijiste en el restaurante —le dije—. El concierto está a punto de empezar ¿seguimos?

...

El patio exterior que atravesamos para llegar a la sala principal del Corral de las Cigüeñas tiene un montón de mesas y varias palmeras gigantes. Hay una barra de bar que invita a filosofar después del concierto y a disfrutar del manto de estrellas cuando estas asoman; si no fuese porque la noche se convirtió en una gigante bola negra de humo y soy incapaz de sentir nada... Sería el escenario perfecto para una noche romántica.

El grupo empieza a tocar, es un tributo a Manolo García. El solista tiene una voz grave y enérgica. Arrancan con una canción del disco «Nunca el tiempo es perdido». Se apagan las luces, el escenario queda alumbrado con un par de focos, Ian me mira y sonríe más calmado, suena la letra de la canción:

*"No puedo obligarte a que me quieras. Sabe Dios que no puedo
dejar de quererte. La espina del dolor rasga mi pecho. Sé que no te
alejará la niebla de los días. No hay un solo motivo por el que
quiera olvidarte..."*

Canto, bailo, fluyo, me relajo...

No hubo una sola canción que me decepcionara, el grupo estaba
dando todo lo que tenía, la gente aplaudía efusiva y el local cada
vez se llenaba más y más, al principio sentados disciplinariamente
en sus mesas, al sonar la siguiente canción todos, incluida yo,
saltamos al compás.

*"Es mejor sentir que pensar, sentir es mejor. Es mejor sentir que
pensar, sentir es mejor. Tuve que cruzar el puente, tuve que
pararme al sol, a esperar la buena suerte, a volver a entrar en
calor. Si vuelve a suceder, si me vuelvo a enamorar tendré que
andar con más tino y no creo que el destino ya esté escrito y por
firmar..."*

Estoy disfrutando tanto del concierto que no me había percatado
que Ian observaba con detalle desde la silla. Cuando me doy
cuenta, lo invito con las manos a bailar conmigo, pero me niega con
la cabeza y sonríe. Canto, bailo, fluyo, me dejo acariciar por la
música... Y tras un gesto de Ian, salimos a la terraza a coger un
poco de aire fresco. El patio estaba desértico. Resultado de la
estampida de clientes que rozaban el aforo de la sala principal,
donde bailaban todos al son de la última canción que homenajeaba
a Manolo García «Pájaros de barro».

*"Por si el tiempo me arrastra a playas desiertas, hoy cierro yo el
libro de las horas muertas. Hago pájaros de barro, hago pájaros de
barro y los echo a volar. Por si el tiempo me arrastra a playas
desiertas, hoy rechazo la bajeza del abandono y la pena. Ni una*

página en blanco más, siento el asombro de un transeúnte solitario."

Eufórica, abanico mi cara intentado que esta vuelva a su color natural pero no lo consigo, siento el fuego en mis mejillas. Hace muchísimo calor, tengo el corazón a mil, sin embargo, eso no afecta para que me siga sintiendo satisfecha con mi sesión de baile y canto (para desgracia de aquellos que tuvieron que sufrir con mi actuación en directo). Ian separa un mechón de pelo que ha quedado pegado a mi mejilla, atraído por mi sudor, y se ríe mientras baja la mirada y mueve la cabeza hacia los lados en forma de negación.

—Lo has dado todo esta noche nena... Creo que va siendo hora de volver a casa.

—Mañana me van a doler los pies Jijiji —le dije.

—Te lo tienes merecido.

Caminamos hacía el parking Galarza rememorando el concierto y tarareando la última canción como si se nos fuera la vida en ello. Cuando llegamos a la altura de mi coche me abrazó.

—Gracias por la compañía... —me susurró Ian.

Antes de que pudiera contestar se estaba alejando hacia la salida del parking sin mirar atrás.

CAPÍTULO 7

Acabo de meterme en la cama.
Tengo un sabor agridulce, ha sido una noche rara, en ocasiones parecía que Ian fluía, que se mostraba cómodo y cercano, que se estaba divirtiendo. En otras ocasiones estaba distante y distraído...

Me pongo al día con los mensajes del grupo de las chicas y les propongo una cerveza en el Hollie mañana después del trabajo. No tengo ganas de explicar cómo ha ido la cita, al fin y al cabo, ni siquiera yo sé si ha ido bien o no.

1:30 h ¡Mensaje nuevo!

—Bailas de pena. Gracias por la compañía, he disfrutado de verte poseída por la música, me quedo con la imagen de tus mofletes enrojecidos. Buenas noches.
Ian.

Mi sonrisa luce a media asta, no puedo evitar tener la sensación de que no volveré a verlo y de que tendré que conformarme con seguir siendo su amiga digital.

Contesto a su mensaje, sin parecer apenada.

—Me quedo con tu desaprobación al ver mi coreografía. Me alegro de que te hayas divertido, yo también lo he hecho. Gracias a ti por acompañarme, buenas noches.

Llevo más de una hora intentando decidir sobre cómo voy a vestir las mesas del comedor exterior de los Fernández, he visto todos los catálogos analógicos y virtuales de las compañías que colaboran con nosotros. Estoy entre el mantel rectangular elástico que cubre incluso las patas de las mesas dejándolo perfectamente acomodado, o el mantel de bordados dorados que cae libre y no mide más de 70 cm. Le he prometido a Isabel que esta semana cerrábamos los presupuestos, el jueves vendrá acompañada de su madre, para que mediante un PowerPoint pueda hacerse una idea de cómo se verá la entrada, el jardín y la distribución de los comensales. No debería llevarme más de diez minutos, pero no consigo concentrarme. He estado analizando segundo a segundo toda mi cita con Ian y por más que intento no pensar en ello y zanjar el asunto no lo consigo... me siento frustrada y confundida.

La última conexión de su WhatsApp marca la 1:32 h, mi mensaje debió de ser lo último que leyó. No me he atrevido a darle los buenos días. Para ser franca, desde aquel café no había vuelto a ser yo misma. Nunca había dudado a la hora de escribirle, de mandarle la foto de mi desayuno, de contarle con todo lujo de detalles lo que me había pasado el día anterior, de lanzarle el selfie de los pelos alborotados con los que me levantaba. Le escribía lo que quería y a cualquier hora del día, jamás antes había borrado un mensaje por muy basto, grotesco o vulgar que pareciese, siempre había sido espontánea y natural. Desde el momento en el que le vi acercarse a la cafetería y lo tuve enfrente... aparecieron todas mis inseguridades, y con ello mis miedos. Miedo a parecerle aburrida, miedo a resultar facilona, miedo a quedar mal, miedo a ser pesada, miedo a que no le guste, miedo a que se enfade, miedo a no volverlo a ver, miedo a parecer romántica, ilusionada, receptiva, miedo a que se canse, miedo a que desaparezca alguien que ni siquiera está conmigo.

Llamada desde la Ext. 501

Mi jefe acababa de romper mi introspección al primer tono de llamada de mi teléfono de mesa.

—Dígame señor Ramírez.

—Venga inmediatamente a mi despacho.

—Enseguida —contesté.

Entro en su despacho y freno en seco a un metro de la mesa del señor Ramírez al observar que Lucas está a un lado de él, apoyado en el mueble de escayola.

El ambiente está cargado, hay un silencio incómodo, intercambio de miradas... El rubor de mis mejillas provocadas por los nervios del momento empieza a hacerse notar y sin demasiado tiempo de reacción empiezo a desglosar en mi mente toda la lista de tareas que tengo sobre la mesa, intentando encontrar el motivo de esta encrucijada.

—Usted dirá señor Ramírez —consigo decir.

—Señorita Paula ¿dónde está su predisposición para trabajar en equipo? —me lanza mi jefe como dardo envenenado desde su mesa.

—¿Disculpe señor? No entiendo su pregunta.

—Yo se lo explico padrino. Si le parece bien...

Lucas acaba de llamar P A D R I N O al dueño de la empresa Rice Events...

¡Dios nos pille confesados!

El calor insoportable de repente invade mi cuerpo, creo que he descendido hasta lo más bajo del inframundo y Lucifer abrirá mi puerta de un momento a otro.

—No me has dejado colaborar en el evento de los señores Fernández. Estamos de acuerdo que firmaron tu propuesta y cerraron el trato contigo... pero esta mañana te he enviado un e-mail desde mi humilde posición para que barajes la opción de hacerlo juntos. Creo recordar que el señor Guillermo estuvo receptivo en cuanto a la colección de vinos de Marqués de Cáceres como regalo a sus invitados.

Hace una pausa y suspira, baja la mirada, la levanta de manera progresiva y termina su discurso con un:
—No pretendo quitarte el evento Paula, solo quiero ayudar.

Estoy segura de que ha estado ensayando frente al espejo, ¡qué hijo de puta!, una vez más quería mandar al traste todo mi trabajo.

—Lo siento Lucas, pero no sé de qué me estás hablando, y sinceramente... Isabel ya ha aceptado y firmado el presupuesto para los regalos de los invitados y está lejos de quererlos emborrachar con vino de La Rioja.
—Eso es porque ni siquiera habrás abierto mi e-mail —dice Lucas—. Lo ves padrino, no me tiene en cuenta... Ya te dije que era muy independiente.

«ESTOY DETRÁS DE LUCAS DEJÁNDOLO CAER CONTRA EL SUELO DE MÁRMOL FRENTE A LOS OJOS DEL MEJOR COACH DEL MUNDO».

—Bueno, Paula, llama a la familia Fernández e intenta que compren mucho vino para que todos estemos contentos cuando finalice la boda... —la voz de mi jefe suena firme y rotunda—. ¿Me he expresado bien?
—Perfectamente señor Ramírez —contesté.
—Gracias Paula —dice Lucas —, ya verás que éxito. Es un regalo eficiente y original.
Te pasaré el listado de vinos por cosecha y precio.

«Si sigue sonriendo, juro que le clavo el bolígrafo en la garganta...»

—OK —contesto desde la indiferencia más profunda. Y vuelvo a mi mesa.

Tengo que redactar el e-mail para Isabel y no tengo ni idea de cómo conseguir que cambien de idea sobre algo que ya está confirmado. Si las miradas matasen juro que Lady Lingus quedaría viuda antes de la boda.

«¡¡Padrino!! Le ha llamado padrino, qué fuerte... Mis días en el Rice están contados».

Me olvido del e-mail y le escribo un WhatsApp.

—Hola Isabel, ha habido un pequeño problemilla con el regalo de los invitados, ¿qué te parece si desayunamos mañana cerca de tu bufete y lo hablamos? ¿9:30 h en la cafetería Zeppelin?

—¡Ay Paula no me digas eso! Sí, claro, nos vemos mañana. Ya me contarás.
Un saludo, Isabel Fernández.

Si Lucas cree que se lo voy a poner fácil, es que aún no me conoce lo suficiente. Había jugado sucio y no me iba a dejar embadurnar tan fácilmente. Si tenía que mandarlo todo a la mierda, iba a haber mierda para todos.

CAPÍTULO 8

Por increíble que parezca soy la primera en llegar al Hollie. Estoy totalmente desmoralizada. No había sido suficiente la extraña cita de ayer, que ahora tenía que sumarle los cambios que iban a empezar a haber en el Rice.

Pedro se acerca al ritmo de la canción que suena en la radio y me dedica un guiño de ojos, apenas gesticulo entristecida, seguro que el cuadro de la Mona Lisa sonríe más que yo.

—¿Y esa carita, bonita? —pregunta Pedro.

—He tenido un mal día corazón... ¿Me pones una cerveza? He quedado con las chicas.

—Claro que sí, tesoro, yo te pongo lo que tú quieras, y si necesitas hablar... ya sabes dónde estoy.

Patri y Lisa vienen juntas sulfuradas. En otra ocasión aprovecharía para burlarme de ellas mirando mi reloj, sabiendo que llegan tarde, pero son tan contadas las veces que esto sucede que prefiero no hacerlo y les dedico la misma mueca que a mi camarero favorito.

—¿Estás bien, cariño? —Patri se lanza hacia mí, y me abraza fuerte.

—No mucho —consigo decir sin romper a llorar.

—¿Qué? es un capullo, ¿no? —sentencia Lisa.

—Lo ves, si es que no tenías que haberle escrito nena, ¿qué hay de nuestra ley no escrita? si no escribe es que no le interesas, borrón y cuenta nueva. ¡Será por tíos en la app...!

—No es eso —dije.

Patri me besa la mejilla y me mira con la mirada más tierna y tranquilizadora que tiene. Es un bálsamo de paz en el que naufragar sin miedo a que te abandonen a la deriva.

Elisabeth me agarra la mano con fuerza y me sonríe. Ella es más racional y menos cariñosa pero igualmente la siento cerca, es su forma de decirme que siempre va a estar junto a mí.

Comienzo a contarles mi cita con Ian, intentando no olvidar ninguno de los detalles de la noche anterior.

Hasta que llegué al postre ambas me miraban con cara de no entender qué era lo que podría haber pasado para que se torciera la cosa, todo pintaba requetebién. Con los cinco sentidos de mis amigas pendientes de mi relato, me dispongo a citarles textualmente las palabras que él me había dicho, las tenía grabadas en mi mente desde la noche anterior...

—No te confundas Paula, no ha cambiado nada, sigo sin tener intención de conocerte más allá de esta cena. Creo que eso lo teníamos muy claro desde el momento en que empezamos a chatear, ¿verdad?

Se crea el mismo silencio que el que viví en el momento en el que Ian me lo dijo, solo que ahora eran mis amigas las que se habían quedado sin palabras. Las observo y tengo dudas de si respiran...

—¿No vais a decir nada? —pregunté.

—No sé qué decirte —dice Patricia.

—Esta es una de esas contadas ocasiones en las que estoy de acuerdo con ella —contestó Lisa.

—Pero algo más pasó. Porque tu mensaje llegó muy tarde, si sólo hubierais ido a cenar no te habrían dado las tantas, ¿no?

—Sí, Lisa, salvamos la noche porque en la puerta del restaurante Ian me pidió perdón y me dijo que no sabía ser pareja de nadie, que se le daba fatal... Me pareció menos duro que lo que me había dicho en el restaurante y seguimos con el plan...

—¿Dónde fue el espectáculo? —preguntó Patri.

—Fuimos a ver un tributo a Manolo García en el Corral de las Cigüeñas...

—¿Y allí... mejor? —Lisa tiene la ceja levantada.

En su idioma no verbal, es un acto de incredulidad, está esperando a que el siguiente argumento la convenza y se mantiene en esa postura hasta que terminas de hablar.

—Sí, mucho mejor —les dije.

—Conseguí relajarme, el grupo era buenísimo, terminé bailando y cantando como una loca.

Ian no se movió de la silla, pero no me perdió de vista, estuvo receptivo lo que quedó de noche.

Cuando acabó el concierto me acompañó al coche, me abrazó y casi salió a correr, no pude decirle nada, ni siquiera me dio tiempo a agradecerle la cena... En una exacta sincronización, las chicas dieron su veredicto:

—¡Qué tío más raro!

La conversación se desvió al último ligue de Lisa, era la segunda vez que quedaban y ya se había quedado a dormir en su casa.

Me divierte ver como Patricia le está echando la bronca cuál madre que se acaba de enterar de que su hija ha perdido la virginidad con el motero chungo del barrio.

Es la primera vez que consigo dejar mis dolores de cabeza atrás. Estoy bebiendo con mis amigas y salvando la reputación de Lisa que, para envidia de una servidora, folla mucho más que yo.

Max interrumpe la conversación a modo de llamada. Patri se despide de su maridito llena de amor y comprensión.

Lisa le canturrea la melodía que sonaba en la época de Franco y se burla de ella gritando a pleno pulmón que había llegado «el toque de queda». Nos despedimos con un abrazo a tres y les agradezco que formen parte de mi vida. He dejado el tema del Rice para la próxima quedada, la cabeza ya no me daba más de sí. Patri me susurra al oído que soy una mujer espectacular y no tengo que permitir que nadie me haga sentir lo contrario.

—Tú siempre haces que me sienta así —sonrío mientras nos despedimos.

Pedro nos dice adiós desde la barra, le saco la lengua suavizando un poco la actitud que tuve cuando llegué.

Estoy metida en el coche sin ganas de irme a casa y decido subir a ese lugar que desde la adolescencia me había dado tanta paz. Cuando tenía catorce años, mi hermano me regaló su ciclomotor. Le quedaban un par de cuotas por pagar, sorpresa que recibí al mes siguiente de disfrutar de «mi regalo». Como en diferentes ocasiones, mis padres le defendieron argumentando que prácticamente estaba pagada y no era para tanto. Que mi enfado por ver bajar de manera acelerada mi hucha era totalmente desmesurado. Ese fue el primer día que subí con mi cuaderno al santuario de la Virgen de la Montaña.

«¡Odiaba que le sobreprotegiesen y que, hiciese lo que hiciese, Matías siempre quedaba impune!»
Parecía intocable.

Las vistas desde el santuario son excepcionales. Está construido a 600 m de altitud de la sierra de la Mosca. El silencio que se respira y la pureza del aire son sanadores.
Desde su muro se puede observar lo insignificante que es la vida, las casitas se perciben en miniatura y las luces de sus farolas muestran una ciudad dormida. No había mayor sensación de paz para mí que esa.

El santuario se levantó en el siglo XVIII en ofrenda a la Virgen de la Montaña que fue nombrada patrona de la ciudad en 1906. El interior es de estilo Barroco, su nave es inmensamente alta y sus paredes blancas pulcras. Mi ciudad alberga un montón de tradiciones, los feligreses que la visitan tienen que adivinar el color del manto de la Virgen. Si al entrar viste del color que eligieron pueden pedir un deseo y la Virgen de la Montaña lo cumplirá. A estas horas, el santuario está cerrado, pero me conformo con sentarme a los pies de la estatua del Corazón de Jesús que tantas veces ha escuchado mi llanto y ha sido cómplice de mis decepciones pasadas. La noche está totalmente estrellada, mi respiración se hace patente, casi por impulso saco el teléfono móvil de mi bolso y escribo un mensaje de WhatsApp a Ian.

—Tengo un mal día.

Hay un pájaro que escarba con su pico en el terrado de mi derecha en una lucha frenética por conseguir algo que llevarse a la panza. Lo observo con dedicación, se ve que está muy enterrado, pero no se da por vencido. Cambia de lugar dando saltitos de protesta y vuelve a intentarlo una vez más. Pasados diez minutos vuela con una pequeña lombriz que cuelga de su pico victorioso.

¿Es una metáfora? —pensé—. Gracias Universo, mensaje captado.

¡Mensaje nuevo!

—¿Estás en casa? —preguntó Ian.
—No, fui a pensar a mi rincón de paz —le contesté.
...

Mensaje leído...

Se desconecta del WhatsApp inmediatamente, no sé en qué estará pensando, pero no escribe más. Quizá quiera darme mi espacio, sabe que en los momentos de estrés me bloqueo y no soy de las que se dejan echar una mano, normalmente tiendo a aislarme del mundo y dejarme tragar por la soledad. Me conoce bien, aunque para ser sinceros, me habría gustado que me hubiese llamado, oír su voz, contarle que Lucas es un tremendo bastardo y no tengo más remedio que trabajar con él, pero guardo mi teléfono móvil y me tumbo a ver las estrellas en el último escalón que hay bajo el Corazón de Jesús. Había olvidado lo mucho que me gusta observar el cielo en la madrugada. No sé identificar las estrellas, quitando a la Osa Mayor y al Carro, el resto son un conjunto de lucecitas que llenan de armonía mi universo.

«¡Qué suerte, acabo de ver una estrella fugaz!»

Pido un deseo con los ojos cerrados...

CAPÍTULO 9

Cuando abro los ojos Ian está observándome a apenas diez centímetros de mi cara. El respingo es tal, que casi le saco un ojo con mi nariz.

—¡¿Qué haces aquí?! —le pregunto agitada.

—Me has dicho que tenías un mal día y este es tu rincón favorito. He traído cuatro coronitas y los oídos limpios para que te desahogues. A no ser... que me digas que quieres estar sola.

Freno mis impulsos de abrazarlo y comérmelo a besos.

—No, no quiero estar sola. Gracias por venir, Ian. Me apetecía mucho hablar contigo, pero no he querido decírtelo en el mensaje —le confieso.

—Ya... últimamente, ninguno de los dos dice mucho...
¿Cerveza? —pregunta Ian.

Mi enorme sonrisa da respuesta a su pregunta.

Está sentado tan cerca de mí, que los problemas del Rice me parecen tan ridículos que me da vergüenza contarle lo que ha pasado hoy. Estamos sentados en la montaña, con las luces de la ciudad a nuestros pies y las estrellas arropándonos para que no tengamos frío. Ian me escucha con atención, me ha pegado tres golpecitos en la rodilla, a veces se choca despacito contra mí y los dos nos movemos al compás del silencio ante los ojos de la estatua que creo que está aprobando el momento o haciéndonos la ola por la posición de sus brazos a modo de triunfo.

—No dejes que te hierva la sangre Paula, eso es lo que él quiere conseguir. Desmontar tu proyecto, que pierdas los papeles y salirse con la suya... Has de dejar tus emociones a un lado y pensar con sangre fría ¿qué es lo que nos interesa ahora? —me pregunta Ian.

Que hablase con esa pluralidad me ponía los pelos de punta, tanto que no me acordaba de la pregunta. Mi cuerpo estaba pensando en profanar el santuario y beberme su sexo.

—¿Que Lucas tenga un accidente por las escaleras del Rice y se abra la cabeza? —contesté.

—¡También, también! —La carcajada de Ian se fundió con la mía, consiguiendo sonar al unísono.

Chocamos nuestras cervezas y seguimos hablando de la vida, siendo mucho más nosotros que en la cita de la noche anterior. La noche se empezó a cerrar, el viento se unía a nuestra conversación caprichosa y empecé a tener frío por lo que dejamos atrás el Corazón de Jesús y nos metimos en su coche.

Ian tenía un 4x4 azul. En el asiento trasero había un reproductor de DVD. Quedé fascinada con la comodidad de sus asientos y su equipación.

—¿Qué tal si vemos una peli en lo que nos bebemos la última cerveza? —propuso Ian.

—Me parece un planazo —contesté.

Conectó su USB y desplegó la lista de películas disponibles. Me tocó elegir a mí, leí la lista de opciones que tenía memorizada en el dispositivo y pensé cuál sería la mejor elección. Tenía que elegir una película que no fuese muy moña, ni mucho menos erótica, ni muy triste. Una que no resultase ser un tostón, que no hubiésemos visto ninguno de los dos, una película de acción quizá, no demasiado sangrienta, en resumidas palabras... Una, que nos decepcionase para poder seguir disfrutando del momento...

—De toda la lista de pelis que hay ¿vamos a ver *Ocean's Eleven*? —preguntó Ian.

—Sí —le dije mientras levantaba un hombro y torcía la cabeza y la boca al mismo tiempo.

—Vale —me dijo con las cejas levantadas, burlándose de mí y de mi elección.

Ian aprobó mi decisión, creo que fue de lo más precavida, tenía de todo: acción, comedia, romanticismo, suspense... bajo mi punto de vista, era la película perfecta para esa «primera vez» juntos, disfrutando de un momento de cine al aire libre. A mitad de la película, se descalzó y tomó posesión de todo el asiento trasero apoyando su cabeza en mis piernas.

—¿Está usted cómodo señor Galán?

—De lo más relajado, señorita Márquez —contestó.

En el primer instante estuve aguantando la respiración, tensa, acalorada, incómoda ante la situación, al menos unos diez minutos, después me olvidé de mi vergüenza y comencé a tocarle el pelo, a jugar con el relieve de su oreja, a observar atentamente su lenguaje corporal. Su mano derecha estaba apoyada en su cadera. Parecía como si se «abrazase a sí mismo». Su mano izquierda tocaba mi pierna, en ocasiones la acariciaba de arriba abajo hasta llegar a mi rodilla y apretarla con fuerza...

—Si me sigues tocando el pelo me voy a quedar dormido... —advirtió Ian.

—Si eso es lo que quieres... duérmete —le contesté.

Antes de que me diera cuenta, los dos estábamos profundamente dormidos, haciendo caso omiso a la película y al arrebol que asomaba por la ventana un par de horas después.

¡Talán, talán!; ¡Tolón, tolón!; ¡Talán, talán!

Las campanas del santuario de la Virgen de la Montaña nos advertían de la llegada de un nuevo día. De un momento a otro, autobuses llenos de turistas empezarían a invadir el parking. Eran las 9:45 h y estaba durmiendo en el interior del 4x4, lo primero que pensé al abrir los ojos es que llegaba tarde a mi cita con la hija de los señores Fernández...

—¡Joder! —exclamé. Acababa de cavar mi propia tumba. Despierto a Ian de un empujón, el cual se asusta y se levanta aturdido sin recordar dónde está.

—¡Ian! ¡Son las diez menos cuarto! —le digo agitada.

—¡Joder Paula! —gritó.

Salimos de la parte de atrás del coche y estiramos nuestra ropa como si ello fuese a servir de algo. Ian sacudía la cabeza enfadado con la situación. Volvió a meterse en su coche, esta vez en el asiento del piloto, y como alma que lleva el diablo se alejó quemando ruedas y sin decir adiós.

Isabel estará esperándome en la cafetería Zeppelin. No tengo tiempo de pasar por mi apartamento para asearme, lo más sensato sería llamarla y disculparme con cualquier excusa, pero decido llegar tarde y desaliñada antes que dejarla tirada en aquel bar. Con un poco de suerte en diez minutos estaba allí, luego tendría tiempo de ducharme y llegar a la oficina ignorando el hecho de que fui a la cita con la hija de los señores Fernández hecha un adefesio. Aparqué a la altura de la pastelería La Guinda, a apenas cinco minutos a pie de la cafetería donde habíamos quedado. Cogí el bolso, la carpeta con la nueva propuesta y salí corriendo. Cuando llegué al Zeppelin observé la enorme cristalera de la entrada, desde la que se ve el interior, comprobando que Isabel no estaba dentro... El nerviosismo empezaba a apoderarse de mí, estaba viendo la profundidad del hoyo que yo misma había cavado con semejante infortunio.

Marqué el número de teléfono de Isabel.

«¡Mierda! ¡No lo coge!»

Insistí un par de veces sin éxito. Después del plantón que le había dado lo mínimo que podía hacer era acercarme a su despacho con el fin de disculparme en persona. Sin embargo, tampoco estaba allí, no tenía más opciones que esperar a que Isabel me devolviese la llamada.

Ya en el coche barajé la posibilidad de que ella hubiese llamado a la oficina preguntando por mí y que hubiese aprovechado para despotricar de mi poca profesionalidad... Decidí llamar a la oficina del Rice Events.

—Bienvenidos a Rice Events, gracias por contactar con nosotros y confiar en...

—¡Laura, soy Paula! —le interrumpo.

—Hola Paula, ¿cómo estás?

—Bien, bien, gracias... Oye Laura, ¿ha llamado la hija de los Fernández preguntando por mí?

—Sí, sí, Laura ha llamado a primera hora, dijo que había quedado contigo y que le extrañaba que no hubieses llegado. Pero justo estaba aquí Lucas guardando unos documentos y me dijo que le pasara el teléfono, que él hablaba con ella...

Así que no te preocupes, él se ha encargado de la reunión, me dijo que te lo comentase cuando llegaras a la oficina.

SILENCIO

—¿Paula? ¿Hola? ¿Me has escuchado?

—Sí, sí, gracias... ¿Sabes dónde han quedado? —pregunté.

—No, Lucas no me lo dijo, lo siento —contestó Laura.

—Ok, gracias Laura, me ausento de la oficina hasta las 15:00 h. Tengo que visitar a un par de colaboradores... —mentí.

—¡Qué tengas un buen día Pau!

—Tú también —le dije sin gota de sangre en mis venas.

Hecha un ovillo en el sofá, con el rollo de papel higiénico en la mano, estoy llorando desconsolada en mi apartamento.

He acabado con todos los clínex de mi cuarto de baño. No me puedo creer que la haya cagado así.

Escribo un mensaje a Ian.

—¿Cómo estás? ¿Has podido seguir tu agenda? Yo estoy en casa intentando reponerme. Le he dado plantón a la hija de los señores

Fernández. Lucas ha aprovechado para meterme un gol en puerta y sin portero. Está reunido con ella, no sé dónde... y mi clienta no me coge el teléfono. Espero que tu día esté siendo mejor, te fuiste muy enfadado esta mañana. Lo siento, siento haberme quedado dormida yo también.

¡Mensaje nuevo!

—Hola Paula, espero que estés mejor de tu gastritis, Lucas es encantador. Hemos quedado para hacer una reunión los tres el próximo lunes en la oficina. ¿Crees que estarás recuperada para entonces? Isabel Fernández.
—Hola Isabel, ruego me disculpes no he pegado ojo en toda la noche, el dolor de estómago es brutal... Claro, el próximo lunes sin falta cerramos presupuestos, ¿quieres adelantarme algo de la reunión de hoy para que lo incluya en el dossier? —le contesté.
—No cielo, descansa... Lucas me ha dicho que se encarga de ponerte al día en cuanto pases por la oficina. Nos vemos el lunes. ¡Cuídate mucho! Un abrazo, Isabel Fernández.

¡¡¡LE ODIO!!! ¡¡¡LE ODIO!!! ¡¡¡LE ODIO!!!

CAPÍTULO 10

14:30 h Entro erguida y con la mayor dignidad posible por la recepción del Rice.

A esa hora todos están almorzando a excepción de los que, como Felipe, prefieren hacer jornada intensiva y salir de allí a las 18 h. No sabía cuál iba a ser mi reacción cuando viese a Lucas de frente, pero tenía que desahogarme con la única persona sensata de la compañía.

Si alguien podía calmar a la fiera... ese era él.

Felipe estaba concentrado en su despacho. Tiene la mesa llena de revistas de moda y decoración de interiores. Ha debido adivinar mi intención de colocarle la mesa, por formas y colores porque me dice muy sereno desde la silla «Que no me atreva a tocar sus cosas».

—¿Qué ha pasado esta mañana? —pregunta Felipe.

—¿Lo sabes? —le digo sorprendida.

—Lo sabe todo el Rice, Paula...

...

—Hijo de puta —blasfemé.

—El colega ha llegado fardando de que ha cerrado el mejor trato de su vida y de las ventajas que tiene ser una persona seria, responsable y sobre todo puntual. No sabía de qué iba el tema, hasta que Laura ha susurrado: pobre Paula, y se ha sentado cabizbaja en su mesa. Obviamente le he preguntado qué es lo que había pasado y me ha contado todo lo relacionado con tu cita de esta mañana con la hija de los Fernández. ¿Le has dado plantón? Paula, ¿en serio? ¿En qué estabas pensando? Últimamente estás distraída... ¿Qué está pasando? —me recriminó Felipe.

Trago saliva, sobre mi mejilla resbala una lágrima que debía pesar mucho porque desaparece rápidamente de mi cara desembocando en mi camisa. Debían de llevar mucho tiempo ahí, todas ellas retenidas, porque tras la primera lágrima llega otra, y otra, y otra más... Me derrumbé, llevaba en tensión con ganas de explotar desde que había aparcado el coche en el parking del Rice. Me sentía imbécil, frustrada, cansada y sin ningún argumento lo suficientemente bueno como para que Felipe se apiadase de mí. Era el momento de confesar que me había enamorado, que me costaba concentrarme y estaba perdiendo la noción del tiempo fantaseando.

—Conocí a Ian en persona —conseguí decir—. Hace un par de semanas tuvo un cliente por esta zona, y me invitó a un café. Solo nos hemos visto un par de veces y no ha ido demasiado bien, o quizá sí, bueno, no lo sé... saber lo que piensa Ian es muy complicado. El caso es que ayer me llamó el jefe y me dijo que Lucas tiene que colaborar en el evento de los señores Fernández y que, me guste o no, hay que cambiar de los presupuestos los regalos de invitados... Estaba tan cabreada que me fui a beber con las chicas y luego no quise irme a casa...

—Intuyo que te fuiste a dormir con él —dijo Felipe.

—No, pero sí... —le contesté.

—¿Qué significa eso?

—Que sí he dormido con él, pero no es lo que parece. Nos quedamos dormidos dentro del coche viendo una película. Esta mañana las campanas de la iglesia me han despertado. Y ya sabes el resto... He llegado veinte minutos tarde a mi cita, Isabel ya no estaba en la cafetería Zeppelin. Lucas se las ha apañado para quedar con ella en otro sitio. Solo sé que ella está encantada con la reunión de esta mañana y que nos reuniremos los tres cuando se me pase la gastritis...

—¿Gastritis? —se burla Felipe.

—Sí, gastritis. Supuestamente llevo toda la noche cagando, eso fue lo que tu querido colega le ha dicho a la hija de los Fernández esta mañana.

Felipe rompe a reír a carcajadas y dice

—Bueno, mejor eso que contarle que has vuelto a la adolescencia y estabas durmiendo con tu ligue en la parte de atrás del coche.

No me hacía ninguna gracia, pero Felipe tenía razón. Acababa de ponerle a Lucas en bandeja de plata a mis mejores clientes.

—Sé lista pequeña —dice Felipe

—Ve a ver a Lucas antes de que tu falsa gastritis llegue a oídos del señor Ramírez. Dile que agradeces mucho que haya ido a la reunión por ti y que el lunes terminaréis de cerrar el trato.

Mi cara se estaba poniendo de todos los colores del arcoíris, empezando por los de gama cálida...

—¿Quééééé? —exclamé.

—¡Lo que estás oyendo Paula! No vas a conseguir nada si te enfrentas a él y entras en su despacho hecha una energúmena... Tienes que ser más lista, respira y tranquilízate —sentenció Felipe

—Vas a su despacho, le sonríes, te muestras cercana y «serena». Si Lucas va a por ti es porque te ve como a una fuerte rival dentro del Rice y te quiere quitar de en medio antes de que el jefe se dé cuenta de que su «ahijado» no sirve para nada... Hazme caso boba, cómete la rabia, el orgullo y respira... todo saldrá bien. O al menos eso creerá él, que le ha ido bien la jugada y se ha salido con la suya... Cuando se relaje... tendrás tiempo de ganarle la partida. Ambos sabemos que eres más lista que él... ¿Esa sonrisa es un sí? —pregunta burlón el niño de los ojos grandes...

—Si, papá —le contesto mientras le abrazo fuerte y me voy a mi despacho.

Tomo aire y entro en el despacho de Lucas que sonríe orgulloso desde su mesa.

—Pasa, pasa Paula ¿estás bien? Estábamos preocupados. Isabel llamó preguntando por ti y tuvimos que salir del paso... No te preocupes, me reuní con ella esta mañana, te excusé y todo ha salido de maravilla... muy maja por cierto... —dice Lucas satisfecho.

—Gracias Lucas, sí, me encuentro un poco mejor... La diarrea... ya sabes... —le contesto irónica.

—¡Ah! ¿Has hablado con Isabel? Espero que no te haya molestado que le dijese que estabas con gastritis. Es lo primero que se me ocurrió. La verdad nadie sabía nada de ti... Me pareció una buena forma de salir del paso, ¿no crees? —me desafió con su pregunta.

—Sí, desde luego ha sido de lo más creíble porque me ha dado un margen de cuatro días para que me recupere... —le devuelvo el desafío y le confirmo que tengo constancia de la próxima reunión.

—Lunes a las 9:00 h en la sala de reuniones del Rice. Me parece que es el lugar correcto donde cerrar contratos con más de cuatro ceros, ¿no te parece? —me dice Lucas con los ojos llenos de ira contenida.

—Fantástico Lucas. Que tengas un fabuloso día, gracias de nuevo... espero tu e-mail con el feedback detallado de la reunión de hoy—. Sonrío desde lo más profundo de mi intestino grueso y me voy de su despacho.

«¡Esto es la guerra!»

19:00 h Recojo mis papeles satisfecha. El feedback de la reunión de Lucas e Isabel es escueto, no me sorprende lo más mínimo teniendo en cuenta que cuanta menos información me dé a mí, mejor para él. Le ha propuesto tres botellas de vino en una caja de madera tallada con los apellidos y la fecha de la ceremonia. Por otra parte, le ha pasado las fichas de descripción de los diferentes vinos, por fecha de cosecha y precios. Insiste en la predisposición por parte del señor Fernández y en concreto de su hija para el cambio, sin mostrar ningún tipo de molestia. Y por último, crea una reunión en el Outlook para los tres resaltando la hora y el lugar del encuentro, con su correspondiente recuadro de aceptar o cancelar de los cojones... todo muy protocolario.

¡ACEPTADO!

Ian leyó el WhatsApp esta mañana, pero no ha contestado aún. Entro en su conversación y me doy cuenta de que ha quitado las conexiones. Ya no puedo saber cuándo fue la última vez que entró en WhatsApp...

«¿Estará enfadado?»

En el grupo de las chicas, Lisa dice que vuelve a tener plan con el chico de Sierra de Fuentes... Como siga así no le va a quedar otra que presentárnoslo. Para nosotras es un chico misterioso más. Es su «modus operandi»: hasta la décima cita no les pone nombre y apellidos. Nosotras ya estamos acostumbradas, hasta nos resulta divertido. A veces Patri y yo jugamos a adivinar el nombre del tipo o a apostar hasta que número de citas le durará.
—Dale caña leona, dos más y tienes premio, Jajaja, venga, venga Lisa, que al final a éste le ponemos cara fijo —escribo en el grupo.

Patri lleva un par de días ausente, no cuenta nada, contesta con monosílabos. Debería llamarla cuando llegue a casa, es raro que esté tan silenciosa.

Mi madre pregunta si puedo ir a cenar a casa el viernes. Necesita que se lo confirme porque vamos a estar los cuatro... Y que mi hermano tiene algo importante que decirnos.

—Vale mami, ¿el viernes a qué hora? —pregunté.

Matías me escribe preguntando si el viernes nos vemos a las 20:00 h en casa de los viejos... que es muy importante para él y que por favor no le falle.

—Que síííííííí pesado, ya le he confirmado la asistencia a mamá. ¿No habrás dejado preñada a alguna pobre insensata? —contesté.

Entro en el WhatsApp de Ian una vez más antes de irme a casa. ¡Está en línea! Salgo corriendo del chat y me voy a recoger el coche. No entiendo su actitud, él se quedó dormido primero, yo también llegué tarde y por culpa de nuestro descuido estaba perdiendo el control en el proyecto de la familia Fernández y mi odio hacia Lucas estaba creciendo a pasos agigantados.

«Es un niñato, si quiere echarme la culpa de su mal día a mí, que me la eche, ya estoy cansada de jugar al gato y al ratón».

Adoro la sensación de libertad cuando te quitas el sostén y te bajas del andamio deshaciéndote de los zapatos de tacón. Creo que no hay nada en la vida que sea más gratificante que ese preciso momento. Aprovecho para llamar a Patricia y contarle las novedades… Está al otro lado del teléfono, lo sé, porque la oigo respirar, pero dudo de si me está escuchando por su profundo y extenso silencio.
—¿Estás bien, mi vida? —le pregunto cariñosamente.
—No —zanja Patri al otro lado de la línea telefónica.
—¿Quieres que vayamos a pasear por el Nuevo Cáceres? Tú y yo solitas como cuando paseábamos a Soul ¿te apetece? —le propongo.
—No, Paula. Max está a punto de llegar y quiero darle la noticia hoy mismo —me contesta entristecida.

Entendí lo que estaba pasando. No necesitaba más información para saber que este mes tampoco habían conseguido «quedarse embarazados». Patricia y Max llevaban un año intentándolo, pero por ahora no habían tenido suerte… Esta vez todos teníamos esperanzas de que fuese definitivo. Patricia tenía un retraso de dos meses y querían esperar un poco más para hacerse la prueba, cansados de comprar test de embarazo en las diferentes farmacias de Moctezuma y sus alrededores...

—Llegará cariño, no te pongas triste, cuando menos te lo esperes seremos las Titas más orgullosas de todo Cáceres y tú la mejor madre del mundo. ¡Te lo prometo!

—Gracias nenita, te quiero —contestó con la misma pena con la que yo le respondía...

—Y yo a ti.

«¡Broche de oro para terminar el día!».
Ironicé.

CAPÍTULO 11

Llevo días con el piloto automático encendido. Lucas y yo hemos intercambiado más e-mails en estos días que en todos estos años atrás... Sigo en alerta, y no me relajo del todo, pero reconozco que estoy más receptiva. Incluso que no todo lo que propone es una mala idea o va contra mí. De hecho, me apoyó en cuanto a los grupos de música que elegí como nueva propuesta a la petición que me hizo Isabel semanas atrás. Juntos hemos ahorrado un 20% en el bolo del medio día y un 15% en el show de la noche.

No está nada mal para trabajar con mi enemigo.

Hoy tengo la cena en casa de mis padres. No tengo ni la menor idea de cuál será la noticia que lanzará Matías, pero conociéndole: o necesita ayuda o ya es tarde para ayudarle y está de mierda hasta el cuello. Mati y yo no tenemos mucha relación, no es que no nos llevemos bien, es que no tenemos nada en común y me cuesta mucho llegar a él. Nos vemos en reuniones familiares o en las fiestas de cumpleaños. Cuando mi hermano entró en la adolescencia empezó a salir más de la cuenta y a meterse en muchos líos. No había quien lo parara, ni nada que le diera miedo, creo que la frase favorita de sus amigos era decirle que «no tenía huevos» para incitarle a hacer cualquier gamberrada. Por supuesto... Matías nunca dijo que no, era un inconsciente con un par de huevos... Vaya si los tenía.

«¡Los tenía cuadrados!»

Pasó más de una noche en el calabozo, y se libró del correccional de menores, haciendo trabajos sociales gracias a la ayuda de unos clientes de mi padre que trabajaban en los juzgados de Cáceres e iban a desayunar cada día a la cafetería donde trabajó como contable los últimos 30 años. Dado que la cafetería era un negocio familiar, mi padre trabajaba más sentado en alguna de las mesas del bar que en el despacho que tenía cerca de la cocina. Decía que el olor a fritanga era insoportable y que el día pasaba más rápido porque, entre cuenta y cuenta, hablaba con los clientes y discutía con el personal. Era un auténtico chinchorrero.

Mis padres siempre andaban detrás de Matías. Los tenía lo suficientemente ocupados como para olvidarse de que había una niña menuda en casa, la cual no hacía demasiado ruido para no interrumpir las disputas de mis padres, que día tras día iban enfocadas en mi hermano mayor y su facilidad para adoptar problemas de par en par. Cuando llegó la hora de mis cambios hormonales y adentrarme en la pubertad, ya me había vuelto totalmente invisible, radicaba en mí la sensación de que no existía en aquella casa. No terminaba de irme demasiado bien en los estudios y nada más salir del instituto, empecé a buscar trabajo de cualquier cosa, a veces incluso en varios sitios a la vez, con el fin de ahorrar todo lo que estaba en mis manos. Al cumplir los 22 años me independicé. Mis padres no entendieron mis prisas por salir de casa. Hoy en día mi relación con ellos ha mejorado bastante, aunque a los ojos de mi madre no nos vemos lo suficiente. Le encantaría que fuese a comer cada domingo, que necesitase más de ella. Compartimos aficiones en cuanto a la jardinería y a la lectura, pero en el resto de los aspectos de la vida, somos dos desconocidas compartiendo grupo sanguíneo. Nos faltaron conversaciones de niña a madre, de adolescente a mujer, de mujer a sabia... Quizá algún día eso llegue a darse, dependerá de lo mucho que la necesite Matías con la noticia de hoy o del tiempo que mi hermano le siga robando a la señora Cecilia, para asegurarse de que él envejece de una pieza...

Mi padre es el más listo de toda la familia. Se involucra, pero no pierde el norte, piensa que Matías ya no tiene remedio, que la culpa la tienen ellos por no haberle dado un par de castañazos a tiempo. Normalmente hace lo que dice mi madre, el resto del día le da la razón a todo, y vive tranquilo. Desde que se jubiló va a caminar cada mañana hasta su antiguo lugar de trabajo, se bebe un par de cafés con los viejos clientes, lee el periódico y llega lo suficientemente tarde como para no tener que ayudar en casa, y lo asazmente pronto como para no quedarse sin el aperitivo de antes de comer que acostumbra a poner su esposa como buena andaluza que es. Son felices a su modo.

La mesa está preparada. Mamá ha comprado margaritas para decorar el centro como hacía su madre antes. Nada más verlas tengo la tentación de coger una y arrancarle los pétalos uno a uno para saber si Ian «me quiere o no me quiere». Luego recuerdo que no he vuelto a saber nada de él y el brote asesino que acabo de sufrir al ver las flores en el jarrón de la mesa se esfuma por arte de magia.

Papá me cuenta que la semana pasada uno de sus mejores clientes falleció de un infarto, y me lanza que se ha apuntado al gimnasio de la tercera edad. Lleva un rato argumentando lo importante que es a su edad comer sin tanta sal y de manera sana y equilibrada. Es tal la convicción con la que habla que parece un alumno adelantado del último taller de alimentación saludable. Mamá me hace muecas desde la puerta de la cocina como si adivinase que esa paranoia le va a durar lo mismo que la última que le dio, cuando dijo que se había apuntado a clases de yoga para jubilados. Creo que nunca llegó a desenrollar la alfombrilla.

Mamá empieza a «torcer el moño» que es exactamente: arrugar la frente y torcer los morros... Son ya las nueve menos diez y Matías no ha llegado ni contesta a los mensajes de WhatsApp.

—Mati, ¿te falta mucho? Mamá empieza a parecer Cruella de Vil...

y papá te está dejando sin nachos—

(...)

—¡Desde luego que falta de respeto! —lanza mi madre desde la cocina—. Nos dice a todos que seamos puntuales y se da el lujo de llegar tarde él.
—Quizá no encontró aparcamiento o se haya desviado un poco del trayecto y esté tomándose un copazo en la Madrila, ya sabes lo despistado que es... pero bueno, tranquila mami, solo han pasado cuarenta y cinco minutos de la hora acordada —suelto envenenada e irónica.

En la Madrila debería estar yo con mis amigas, que para eso es «San Viernes». Como me haga perder toda la noche lo entierro vivo. Estoy cansada de las chiquilladas de mi hermano mayor. Tendría que estar con Patri y Elisabeth despotricando de todos los hombres que habitan el planeta, empezando por Ian y acabando por él.
—Paula hija, mándale un mensaje a tu hermano, no sé si apagar el horno o no —dice mi madre interrumpiendo mis pensamientos.
—Le he mandado un WhatsApp hace cinco minutos, mamá.
—¡Qué le mandes un mensaje a tu hermano! ¡No me rechistes! —grita mi madre mientras agita las palas de remover la ensalada con cara de pocos amigos desde la cocina.
—Ay hija... Haz lo que te manda, que yo tengo hambre, y al final se le va a quemar el cochinillo de la mala leche que le está entrando a la Cecilia —suplica mi padre desde el sofá.
—Vale, vale. Joder, que carácter.

Cojo mi móvil y reviso rápidamente la lista de mensajes nuevos. No quería abrirlo para no tener la tentación de ver si Ian se había vuelto a conectar desde la última vez que lo miré, hacía exactamente menos de cinco minutos... Entro en el chat de mi hermano. No ha leído el mensaje anterior ni se ha vuelto a conectar desde las siete de la tarde.

—¡Tú! ¡Gilipollas! ¿Dónde coño estás? Tu madre está histérica, tu padre muerto de hambre y yo con ganas de salir de aquí... Ya te vale, llegas una hora tarde... Si te retrasas aún más, por favor avisa y empezamos a cenar sin ti. Más te vale que tengas una buena excusa.

21:30 h y ni rastro de Matías.

Hemos empezado a cenar sin él. El ambiente es tosco, mezcla de decepción y a la vez de incertidumbre... la historia de siempre. No pueden enfadarse al cien por cien con él, siempre tienen el miedo en el cuerpo por si le habrá pasado algo. Seguro que antes de llegar al postre mi madre está haciendo suposiciones y defendiendo su plantón de esta noche, no puede evitarlo, es amor de madre, supongo.
—¡Ay! Mira que si le ha pasado algo a tu hermano... —expresa con preocupación mi madre.

Mi padre y yo nos miramos y seguimos comiendo como si de repente nos hubiésemos quedado sordomudos.
—¡Qué raro! Ni ha mirado el WhatsApp oye, que llegue tarde vale... pero que no avise, no me digáis que no es raro...
—Paulita hija, me pasas la nata —me dice mi padre sin levantar la vista de su enorme flan de vainilla.
—Sí, papá —le contesto sin desviar la vista del bote de nata que le estoy haciendo llegar a mi padre, sabiendo que como cruce la mirada con mi madre me va a soltar una galleta de regalo por ignorarla y hacer complot con Don Luís.
—¡Muy bien, ignoradme! Sois tal para cual, ya veo lo que os importa que Matías no haya venido, me parece muy bien —rechista mi madre con toda la indignación del mundo.
—Mira Cecilia, tengamos la fiesta en paz.

CAPÍTULO 12

Ni rastro de Ian.
Ni un solo mensaje.
Ni rastro de interés.
Ni foto en su WhatsApp.
Ni audio de despedida.
Ni ganas de mí.
Nada.
Sin ganas de nada.
Habiendo silencio.
Poniendo distancia.
Ignorando mis impulsos.
Venciendo las ganas.
Morir sin molestar.

...

Suelto el bolígrafo y dejo mi diario a un lado de la mesita de noche. Escribo desde que tenía nueve años. Para mí es una de las mejores terapias del mundo, puedo vaciar todo lo que llevo dentro sin la necesidad de andar cargando con ello demasiado tiempo. Levanto la vista y observo mi habitación, es hora de organizar el armario. Necesito entretenerme, poner en blanco mi mente, dejar de pensar en él. Ignorar el dolor que me provoca su silencio, olvidarme de sus labios carnosos, de sus brazos. Y sobre todo de lo mucho que me gustó que me acariciara las piernas en el coche aquella noche de cine en la montaña. Recuerdo la fuerza con la que apretaba mi rodilla cada vez que pasaba la yema de mi dedo índice por el filo de su oreja y le estiraba del pelo. Por un momento incluso creí escuchar un suave gemido y un gritito de protesta cuando enredé mi mano en su cabello y estiré más de la cuenta. El mero hecho de recordar aquel momento estaba haciendo que mi sexo hormigueara y tuviese ganas de jugar con el consolador que guardaba en el armario. Desenfundé el vibrador y saqué el aceite de coco, tenía ganas de subir revoluciones de a poco... Así que empecé jugando con la mínima intensidad contra la aréola de mis pechos, sintiendo como se endurecían lentamente hasta alcanzar la cima. Tanto así, que si agarraba mi pecho con fuerza yo misma podía lamer su victoria. Cerré los ojos, imaginando que Ian bajaba hasta mi ombligo rezagado, cada centímetro de descenso provocaba entre mis piernas una descarga de adrenalina, subí de nivel a mi compañero de juegos y le mostré el camino a casa. La humedad descendía entre el hueco de mi profundidad, la presión de mi pubis galopaba con énfasis contra el consolador, el ritmo cardíaco se aceleraba, mi boca mordía con fuerza el filo de la almohada, en mi mente Ian me embestía con fuerza, y agarraba mi cuello. El calor era insoportable, las ganas de llegar al clímax patente, mi juguete trabajaba a mil revoluciones, el estallido de mi garganta hizo juego con el derrame del lago seminal que caía libre entre mis piernas.

Yací satisfecha.

Olvidé que tenía que ordenar el armario, y fui directa a la ducha para borrar todo rastro de sexo en solitario de mi cuerpo.

Nada nuevo en mi WhatsApp.

Cuando me fui de casa de mis padres ayer pensé mucho en mi vida, en lo que he conseguido hasta ahora, en la lista de cosas «pendientes» que nunca hago ni tacho. Matías no contestó a ninguno de mis mensajes, mis padres se despidieron de mí, preocupados por él. Toda la cena giró en torno a su trayectoria personal, y a las hipótesis que lanzaba mi madre en cuanto a lo que le estaría pasando. No encontré el momento de contarles que me sentía furiosa en el trabajo, que estaba colaborando con Lucas en mi último proyecto, ni el hecho de que se me estuviera pasando por la mente dejar el Rice después del evento de los señores Fernández. Volví a tener la sensación de que no existía. Sin embargo, por mucha rabia que me diera admitirlo, yo también empezaba a preocuparme por él. No recuerdo la última vez que Mati no se presentó a una comida familiar, y de haber sido así... no recuerdo que no haya avisado. Cojo el teléfono y decido llamarle.

Tono de llamada...
El teléfono al que llama está apagado o fuera de cobertura en este momento, por favor, inténtelo de nuevo más tarde.

«¡Mierda! Si no le pasa nada, yo misma haré que le pasé», pensé mientras me enfundaba los vaqueros a toda prisa. Creo que aún estoy a tiempo de pasarme por su apartamento antes de ir a comer con las chicas a El Rincón de Toñi. Hacía poco más de dos años que Matías compartía piso con un chico. Más o menos desde que su relación con la cajera estirada del supermercado de al lado de su casa lo dejó por el encargado de zona. Estaba muy «encoñado» con ella, y no lo vio venir... Cuando esta se fue, él empezó a aislarse del mundo, se pasaba los días enteros encerrado en casa, nunca había visto a mi hermano tan abatido y vulnerable. Le recomendé que alquilase la habitación de invitados con el fin de que tuviera compañía y se obligara a mantener la casa limpia y recogida. Juan es estudiante de universidad, es un chico bastante introvertido, dice Mati que es porque va para programador informático y es un poco friki. No habla mucho, pero es muy buena gente. Desde que son compañeros de piso, Matías está más animado y comunicativo, creo que es una buena influencia para él, al fin y al cabo, Juan era callado hasta que cogía confianza. Aparco enfrente del supermercado Tambo, y me dirijo a toda prisa al apartamento de Matías. Una señora está entrando con toda la paciencia del mundo en el portal y produce un atasco con su carrito de la compra. Le sujeto la puerta mientras espero a que termine de inspeccionarme de arriba a abajo con su radar visual.

—Voy al 2ºA —le digo para su tranquilidad.

—A casa de los gais —refunfuña mientras abre la puerta del ascensor.

—¿Perdooooona? —me río a carcajadas mientras pienso que Matías se va a descojonar de la risa cuando se lo cuente.

Subo las escaleras de dos en dos y llamo al timbre.

No se escucha absolutamente nada al otro lado de la puerta, me atrevo a pegar la oreja a ella como si mi oído fuese a atravesar los 45 mm de madera maciza que la compone.

A los dos minutos de cerrar los ojos con fuerza para agudizar mi sentido auditivo me doy por vencida. Arranco una hojita de mi agenda y le escribo que he estado en su casa, que estoy preocupada por él y que me llame sin falta. Vuelvo a revisar el móvil mientras bajo la escalera cabizbaja, no hay noticias de nadie, tengo seis minutos para llegar al restaurante y tener un rato de desconexión con las chicas. Me muero por escuchar las historietas de Elisabeth con su chico misterioso, y de abrazar a Patri, que seguro que no lleva demasiado bien su repetido test de embarazo negativo.

14:00 h El Rincón de Toñi está petado como de costumbre... Allí hacen los mejores pinchitos de la ciudad, las chicas y yo hemos reservado la mini barrita que hay a la izquierda del bar, justo el rincón que tiene el ventanal con vistas a la calle, nos encanta hacernos las «bonitas» desde allí. Una vez Elisabeth nos desafió a quedarnos quietas como si fuéramos las maniquís de una tienda de moda, y terminamos ligando con un grupo de chicos que pasaba por ahí y se percató de nuestra niñería... Fue muy divertido.

—Entonces, para que me quede claro... cuando te fuiste del Hollie subiste a la montaña a desconectar, porque habías tenido movidas en el Rice con Lucas —resume Lisa con tono irónico

—E Ian subió a hacerte compañía, os fuisteis al coche porque hacía frío, terminasteis viendo una peli y os quedasteis dormidos, ¿no?

—Sí, ya te lo he explicado, fue todo súper bien, pero nos quedamos dormidos y ambos llegamos tarde al trabajo, yo fastidié la reunión de Isabel y él... bueno, no sé qué fue lo que le pasó a él, porque desde entonces no he vuelto a saber nada, y creo que me ha borrado del WhatsApp —les cuento con tristeza.

—¿¿¿Cómo??? ¿¿¿Qué te ha borrado de WhatsApp??? —protesta Patri— ¡¡¡Encima!!!

—Nena, este chico es muy raro, déjalo así... Sea lo que sea que perdió ese día no fue culpa tuya, si ha dejado de escribir, casi que mejor, te está haciendo un favor a largo plazo —dice Lisa.

—Supongo que tenéis razón, pero me gusta mucho este chico, y no entiendo porque actúa así, creo que lleva una coraza, le han debido de hacer mucho daño, y no se deja querer con facilidad, en el fondo creo que yo le gusto...

—Paula, eres la defensora de las causas perdidas, no vas a parar, ¿verdad? —me dice con tristeza Patricia.

—No lo sé.

Patricia está extremadamente triste, ha perdido la esperanza de quedarse embarazada. Intentamos subirle el ánimo barajando la posibilidad de optar por métodos de reproducción asistida, pero parece que Max no está por la labor, y tiene miedo de que se desencante y la deje.

—Max no es así, se muere por tus huesos, es un hombre espectacular Patri, quizá... quiera esperar un poco más antes de acudir a una clínica, eso no significa que te vaya a dejar o que esté decepcionando. Necesitáis unas vacaciones, desconectar, olvidaros por un tiempo de la necesidad de procrear y follar por gusto, porque os da la gana, porque estáis calientes, sin más... La cabeza es muy traicionera, no tenéis que dejar que os juegue una mala pasada —le dije.

—No recuerdo la última vez que nos divertimos —contesta Patri.

—Pues esto hay que solucionarlo ¿Qué hacéis el próximo fin de semana? —pregunta Lisa.

—Pues no sé, de momento creo que Max quería ir a correr con un amigo el sábado por la mañana, e ir a comer a casa de sus padres —contestó.

—Lo que va a hacer es «correrse» como nunca contigo, hasta que se coma el título de ser padre —bromea Patri.

Lisa rompió a reír, luego empezó a llorar, y siguió riendo.
Patricia había tenido una buena idea, empezamos a buscar escapadas para el fin de semana a buen precio, e hicimos una lista de cosas para hacer y llevar en la maleta que pudieran sorprender a Max e hicieran revivir la llama. Esa jodida llama que aminora con el paso de los años si no te esfuerzas por mantenerla viva y alejada de la implacable rutina.

De repente el codazo de Lisa me revienta la cadera.
—¿Ese no es Ian?

Acababa de verlo pasar desde la ventana, haciéndose un hueco entre el bullicio de la gente.

CAPÍTULO 13

Pegué un brinco del taburete y salí a buscarlo, omitiendo que llevaba semanas sin dar señales de vida y que su fotografía ya no acompañaba nuestra aparcada conversación.

Cuando agarré su camiseta por detrás y me percaté de la situación, era demasiado tarde para retroceder, volver al bar y enterrar mi cabeza bajo las baldosas...

Ian se giró con brusquedad arrastrando con él a una chica pelirroja de la que iba agarrado de la mano. Ambos me miraron asaltados.

Los ojos de Ian se clavaron como cuchillos en mi abdomen, tragué saliva y emití una especie de sonrisa/mueca que debió de quedar bastante fingida, porque la pelirroja lo estaba mirando a él con la misma expresión que yo, como si adivinase lo que estaba pasando y cuáles eran mis pensamientos.

—Perdona, me he confundido —le digo mientras suelto su camiseta y vuelvo temblando en busca de mi dignidad.

Lo mejor de tener las mismas amigas desde la infancia es que en la mayoría de las ocasiones, no necesitas pronunciar palabra para que sepan que te tienen que abrazar muy fuerte y no soltarte hasta que consigan pegar uno a uno todos los trocitos quebrantados de tu corazón.

Elisabeth y Patricia estaban observando desde la ventana, no hizo falta explicar nada. Hubo miradas de complicidad y mensajes de aliento en sus labios callados. Me acompañaron al coche y nos despedimos con un «Te quiero». Necesitaba encerrarme en la torre de mi castillo y no volver a salir hasta que fuese inmune a las decepciones. ¿Ian tenía pareja? ¡Tocada y hundida!

Tenía sus ojos clavados en mi memoria, con tanta rabia que podía sentirlos atravesarme, partirme en dos. ¿Desde cuándo tenía pareja? Me lo había estado ocultando todo este tiempo... ¡No me lo podía creer! ¿No encontró el momento para decírmelo? ¡Llevábamos meses hablando! Todas las conversaciones que hubo entre nosotros pasaban por mi mente, los audios y fotografías compartidas, los momentos vividos, todo... Llevaba horas leyendo desde el principio nuestra conversación, incluida las primeras palabras que intercambiamos en la app el día que le dimos match a aquella foto, a esa ¡maldita foto!

«Ojalá no lo hubiese conocido nunca».

No podía dejar de pensar en lo que pasó ayer, ojalá no hubiese salido del Rincón de Toñi, ojalá no hubiese aceptado ese primer café, ojalá nunca hubiese conocido su olor, ojalá lo hubiese dejado ahí, en ese lugar y ese abrazo sincero. ¡Sí es que fue sincero! De repente no sabía con quién había estado tratando, como si la persona con la que llevaba meses compartiendo conmigo sus días fuese un total desconocido. Tenía que ponerle remedio a lo sucedido, abrir los ojos y borrarlo de mi mente. Empecé por lo más fácil que a su vez me resultó lo más doloroso, borrar todo rastro de su efímera existencia. Remiré sus fotografías, una a una. Observé milimétricamente cada una de ellas, buscando algún tipo de señal que hubiese pasado por alto todo ese tiempo e indicara que efectivamente existía una pelirroja en su vida que no era yo.

No había nada que diera pie a la sospecha, a parte de la espontaneidad con la que hablábamos los primeros meses y la rareza de los últimos días...

Quizá se acaben de conocer, y esté dudando de si quiere estar con ella o conmigo. Igual solo es un «rollo pasajero» y no todo está perdido... Quizá me esté volviendo loca y por eso sigo viendo luz al final del túnel. Borré nuestra conversación de WhatsApp antes de bloquearlo y borrarlo de mi lista de contactos. Me gustaba tanto que era capaz de encontrarle lógica a su tiranía, tener la posibilidad de hablar con él, solo iba a alargar mi tristeza. Tenía que volver a creer en mí, recuperar mi autoestima, y abrazar mi derrota para aplacar mi ego, que era el único culpable de que odiase sin motivo a la chica que agarraba la mano de Ian, solo porque no era yo. He de reconocer que me sentí aliviada cuando conseguí, aún discutiendo contra mi propia voluntad, eliminar todo lo que tenía de Ian en mi móvil.

Las chicas están preocupadas por mí, proponen hacer un café en La Habana y jugar al billar, pero tengo ganas de quedarme en casa y arreglar el maldito armario. Cuando vivimos una situación de manera intensa o algo y/o alguien rompe nuestra estabilidad, tendemos a reflejarlo en nuestras casas, y el armario estaba tan jodidamente descolocado como yo.
Encendí el portátil y empecé a crear una lista nueva de Spotify con toda la música comercial del momento, acababa de cerrarles la puerta en las narices a todos los cantautores recientemente conocidos gracias a él. Recogí mi pelo con un moñito y me puse a vaciar los cajones de mi leonera. No vuelvo a decir que no tengo ropa. Conté más de veinte vestidos de todas las formas y colores, algunos que ni recordaba que tuviese, agradecí el tiempo vivido, como dice una famosa japonesa y aparté todo aquello que hacía tiempo que no me ponía. Doblé los vaqueros por degradado de color y amontoné las camisetas por estilo, manga corta por un lado,

tirantes, manga larga, cuello vuelto, «palabra de honor» como me gustaba usar esa palabra para definir un escote con el corte justo por encima del pecho en una camiseta, al igual que los zapatos de «chúpame la punta», ¿a quién se le habrá ocurrido esa definición para un zapato de vestir?

Llamaban al timbre de la puerta, no esperaba visita así que intenté mirar por la mirilla para saber quién estaba al otro lado, pero no se veía nada. Pensé que las chicas habían decidido hacerme compañía y que venían a darme una sorpresa, abrí ilusionada... Y antes de que la sangre me llegase a las mejillas dejé de sonreír y cerré la puerta de un portazo.

—Paula, abre la puerta.

—Vete a la mierda, Ian.

—Por favor, tenemos que hablar, ábreme la puerta.

—Ya lo dijo todo tu novia ayer con la mirada, vete de mi casa, no tienes ningún derecho a estar aquí, ¡lárgate!

—Paula, ábreme la puerta o quemo el timbre.

Ian empezó a tocar el timbre de la puerta una y otra vez sin reparo ni oscilación. Fui a por el portátil de mi habitación, lo puse en el salón y empecé a subir el volumen de la música intentando disfrazar el sonido de los golpes que Ian daba a mi puerta y el incesante afán por querer quemar el timbre. Por un momento creí que estaba a punto de echar humo. El insoportable concierto atroz cesó de golpe, pensé que se había dado por vencido, hasta que observé por la mirilla que la vecina del 1ºA salía enfurecida de su casa en dirección a la mía, y abrí la puerta avergonzada.

—Joder Paula, me habéis despertado a la niña.

El llanto de su hija que protestaba asustada desde la cunita era el único ruido que se escuchaba ahora en la escalera. Ian aprovechó para colarse en mi casa sin que me diera tiempo a reaccionar, tenía bastante con calmar los nervios de la vecina de enfrente. Imaginé que ya estaría sentado tranquilamente en mi sofá, al sentir como apagaba la música de mi portátil.

—Lo siento mucho Esther —me disculpé—, me sabe fatal de verdad, no volverá a pasar.

—Si... ya... pero me habéis jodido la siesta —decía mientras se iba.

Entré en mi casa y hecha una furia lo agarré del brazo intentando levantarlo de un tirón fallido.

—Lárgate inmediatamente de mi casa.

—No me voy a ir de aquí hasta que no me escuches. Entiendo que estés enfadada, pero tenemos que hablar.

—¿Realmente crees que me importa lo que me tienes que decir? Ya no sé quién eres Ian. No sé con quién he estado hablando todos estos meses, no sé i¿Qué cojones quieres de mí?! —grité.

Antes de que pudiera seguir con mi arsenal de reproches y preguntas sin contestar, Ian se abalanzó sobre mí y me besó con rudeza agarrándome de la coleta. Mis labios apretaban con rabia en contradirección a los suyos con el fin de separarme de él, sin éxito. Uno de sus brazos rodeaba mi cintura apretando mi cuerpo contra el suyo, el otro controlaba mi nuca. Mi corazón iba a mil por hora. Conseguí sacar fuerzas de flaqueza y empujarlo, en el momento en que se acercó le abofeteé la cara con todas mis ganas.

—¿Tú crees que puedes venir a mi casa después de lo que ha pasado y besarme como si nada? ¿De verdad, Ian?

—Lo siento Paula, llevo mucho tiempo aguantándome las ganas de besarte, déjame que te lo explique todo por favor. Si después de escucharme quieres que me vaya, lo respetaré, pero no me iré de aquí hasta que no me escuches.

Vacilé sentándome en el sofá y mirando mi reloj de pulsera le dije:

—Tienes diez minutos.

Marta es mi ex. Es la misma chica de la que te hablé cuando intercambiamos mensajes por la app, antes de los números de teléfono, antes de las fotografías, antes de verte en el café... No te he mentido, estoy solo hace casi un año, pero ella lo está pasando muy mal, hace un mes que se peleó con su pareja, se quedó sin trabajo y me pidió que le hiciese un sitio en mi casa hasta que decidiese qué quería hacer con su vida, entiéndelo Paula, hemos estado muchos años juntos, no podía decirle que no. Al principio la convivencia fue bien, cada uno iba por libre, cada uno hacía su vida, solo compartíamos alguna cena y alguna película como dos compañeros de piso más, pero hace dos semanas se metió en mi cama mientras dormía y desde entonces la cosa está empeorando, yo no quiero estar con ella, pero tampoco sé como quitármela de encima...

—Que se metió en tu cama... —le digo incrédula.

—Sí —contesta Ian.

—Ah, qué suerte tienes, debes ser el único hombre del mundo al que no le hace falta invitación, las mujeres se meten en tu cama en mitad de la noche sin querer —ironicé—. Y por curiosidad... ¿la mandaste de vuelta a la suya?

—Soy de carne y hueso, me gusta el sexo. Marta lo sabe, y supo aprovechar la ocasión.

—Ah vale, eso es un no... Muy bien, y ¿para qué me cuentas esto? No tienes que darme explicaciones de tu vida sexual, así como yo tampoco te doy explicaciones de la mía.

—¿Te estás acostando con alguien? —pregunta Ian sorprendido.

—Bueno pues ahora que ya sé que la pelirroja es Marta y que estáis viviendo juntos —contesto ignorando la pregunta—, gracias por venir, ya puedes irte... Ahora entiendo muchas de tus reacciones, aunque lo que no puedo llegar a entender es que me dejaras de hablar así, sin más, borraras mi número y me dejaras pensando que había hecho algo malo por dormirme aquella puta noche.

—Paula ¿te estás acostando con alguien?

—Adiós Ian.

Le indique con la mirada el camino hasta la puerta, se levantó del sofá lentamente y se fue.

Aún con el temblor en el cuerpo fui a por mi teléfono móvil, abrí el chat del grupo de las chicas y escribí.

—Ian se acaba de ir de mi casa… ¿Sigue en pie la quedada? Necesito una copa, quizá sean diez…

—Yo —contestó Elisabeth.

—Imposible chicas.

Patricia nos manda una foto de sus piececitos enroscados en los de Max con una película y un gran cubo de palomitas de fondo.

—Disfruta amor —le contesté.

—Cuéntamelo todo, todo, todo, todo, luego —suplicó.

CAPÍTULO 14

Lisa y yo fuimos a tomar un par de copas a la calle Pizarro. Los domingos suelen ser días melancólicos, los bohemios dicen que hay que reflexionar sobre lo que has hecho durante toda la semana, olvidar lo malo, agradecer lo bueno, y dejarlo ir todo, porque a partir de mañana tienes siete nuevos días por delante. Si tuviese que hacer una lista de las cosas que me han pasado creo que esta última semana se llevaría el premio Goya, el Globo de Oro y hasta el Grammy al mejor concierto acústico de la historia, si nos ponemos a pensar en el escándalo que hemos montado Ian y yo en las escaleras. Debe ser cosa del alcohol, pero me estoy descojonando de la risa con mi amiga al recordarlo.

—Tu vecina te debe de estar poniendo dos velas negras —bromea Lisa.

—¡Que te calles hija puta! —le contesto.

—Pero si es verdad... a mí me despiertas a la niña y te mato, seguro que le has jodido el polvo de la semana, esa tiene pinta de follar una vez «na más», y tú se lo has jodido...

Cuando Lisa y yo nos juntamos a solas somos bastante peligrosas, las risas se escuchaban por toda la calle, la gente nos miraba divertida, y el camarero estaba más atento a nuestra mesa que a la del resto, porque apenas bebíamos el último trago, él ya estaba sirviéndonos dos más.

—¿Sienta bien mandarle a la mierda, a que sí? —sonríe orgullosa Lisa.

—¿La verdad...? Sí —confieso-.

—Haces bien en no dejarte convencer, si al menos hubiese venido con el rabo entre las piernas y pidiendo perdón por jugar contigo, se habría ganado una oportunidad... Pero encima de desaparecer sin más, tiene la poca vergüenza de venir contando que ella es la culpable de que se la «chupen por la mañana». Y que no sabe como quitársela de encima... ¡Odio a los hombres! Si no quieres nada con ella, no le des ilusiones. Amiga, yo sé que te gusta mucho este chico, pero si desaparece cada vez que se le viene un problema encima, imagínate si estuvierais casados o con hijos — dice Lisa.

—Tienes razón, es un cobarde... pero joder, ¡qué bien besa el cabrón! —Levanto la cabeza, abro la boca y babeo a lo Homer Simpson.

—¡No tienes remedio! —Las risas de Lisa y mía rebotaban contra la pared del bar.

02:00 h Me despido de mi amiga con la alegría disfrazada, el Martini blanco ha hecho un buen trabajo hoy. Al camarero habría que hacerle la ola, nos ha cobrado cuatro de los ocho aperitivos que nos hemos bebido entre las dos.

Lisa llega hasta su piso en Obispo Galarza abrazada a mí, cantando *Bulería, bulería* de David Bisbal a todo lo que le dan las cuerdas vocales...

—No cojas el coche ¿eh? —me dice mi amiga con los ojitos achinados...

—No, tranquila, me voy en un taxi, gracias por la compañía y las risas, necesitaba desahogarme, eres la mejor.

Le doy un abrazo y me voy a la parada de taxi de la plaza Mayor mientras camino distraída por la plaza de la Concepción observando la ciudad dormida y disfrutando del aire fresco que despeina mi pelo.

Por un momento estoy tentada a subir a la montaña y sentarme un ratito a ver las estrellas, pero tengo miedo de que el recuerdo de Ian y su todoterreno fastidien la noche, y no quiero jugármela, así que le doy la dirección de mi apartamento al chofer y cierro los ojos lo que queda de camino a casa.

—Niña que ya hemos llegado —grita el taxista desde su asiento con medio cuerpo en la parte trasera de su coche...

—Disculpe, me había quedado dormida —le digo mientras pago la carrera y me bajo del coche aturdida.

Cuando llego al portal, Ian está sentado en el escalón, mira su reloj desaprobando las horas de llegada y mi estado. Paso por su lado sin detenerme, atino a abrir el portal y le digo mientras camino de lado a lado que se vaya... Al llegar a la puerta de mi casa no consigo dar con la llave que la abre, pruebo con una de ellas que está más resbaladiza de lo normal y al tercer intento se me caen al suelo. Ian me ha estado siguiendo por las escaleras, se agacha a por mi manojo de llaves y me mira fijamente. Abre la puerta y se echa a un lado, cuando voy a entrar me cierra el paso con su brazo y me pregunta...

—¿Con quién te estás acostando?

—¿Has estado esperando en el portal hasta las dos de la mañana para preguntarme con quién me estoy acostando? Vete a la mierda Ian, lárgate a tu casa.

Intento quitarle del medio de un empujón, pero no lo consigo. Ese hijo de puta es igual que La Roca, vuelvo a intentarlo y me golpeó la cabeza contra la puerta, en un acto reflejo de Ian por evitar mi sacudida... Un hilillo de sangre empieza a resbalar de mi ceja hacia mi pómulo.

—¡Mierda! Te has abierto la ceja —dice Ian.

—Déjame, no es nada, lárgate... Con suerte Marta no puede dormir y te está esperando en la cama —respondo burlona.

—¿Tienes algo en el botiquín? —pregunta Ian ignorando mi sarcasmo.

—Sí, matarratas —contesto.

...

Ian está frente a mí, limpiando el corte de mi ceja. Es un corte pequeño pero profundo y no deja de sangrar... Tengo la cremallera de su pantalón a la altura de mis ojos, no debería haber bebido tanto, estoy pensando en bajarle el pantalón que oculta su masculinidad y lamer su miembro desde el nacimiento de su tronco erecto hasta su iceberg. El ardor del agua oxigenada enciende mis mejillas, o eso es lo que se cree Ian que está soplando con cuidado el filo de mi ceja, el temblor de mis piernas por querer ser mordida por esos labios, empieza a resultarme incómodo. Levanto la cabeza y le lamo los labios lentamente, como si fuera a perfilarlos. El aire que expulsaba su boca se para en seco, me levanta de la silla con un solo brazo y su lengua responde a la mía en forma de pulso, le desafío con la mirada, mientras sus ojos aceptan el reto sin vacilaciones. Su mano rodea mi cadera y de un respingo me sienta en el lavabo y me abre las piernas bruscamente. Creía que tenía los ojos marrones... se le ven color fuego intenso bajo la luz de mi cuarto de baño.

—No sabes cuántas veces he soñado con este momento, cuántas veces te he follado en mi mente —me susurra Ian al oído mientras aprieta mi pecho e introduce su mano por debajo de mi falda.

No consigo pronunciar palabra, tengo la necesidad imperial de seguir respirando, mi sangre bombea con tanta fuerza que no puedo diferenciar mi corazón de mi vulva, ambos laten con la misma intensidad. Consigo desabrochar su pantalón con la torpeza de mis manos y estoy a punto de introducir una por debajo de su vientre, pero Ian me frena en seco.

—Esta noche, tú eres la protagonista —dice mientras baja a la altura de mi vértice y mete su cabeza entre mis piernas.

Estoy tan excitada que creo que conseguiré correrme antes de que sus labios me rocen. Sus manos están deslizándose lentamente por el tacto suave de mi camisa, sus ojos no dejan de provocarme con ese rojo intenso, mi respiración se entrecorta y mi mente va a mil por hora. Se está tomando su tiempo, tiene la cabeza entre mis piernas, pero no ha hecho nada todavía, está jugando travieso con la puntilla de mis bragas, y se acerca solo para soplar suavemente mi clítoris como si ello fuese a calmar mis ganas de que me recorra con su lengua. Empiezo a controlar mi respiración y observo su acto con un toque de ternura, como si quisiera aprenderse el camino a casa, para llegar incluso con los ojos cerrados... Paso mi mano por su pelo y sin previo aviso introduce bruscamente tres dedos en mi vagina que me cortan la respiración, se levanta y empieza a besarme con énfasis. El movimiento de sus dedos es veloz, me empuja contra el espejo del baño y empiezo a gemir. Se acerca a mi escote, y saca uno de mis pechos por el hueco de la camisa, succiona con tanta fuerza mi pezón que no distingo si es dolor o placer, pero no le pido que lo suelte. Mi callejón empieza a bombear, se dilata y se contrae con cada movimiento de sus manos, y antes de llegar al clímax Ian saca los dedos de mí, se agacha y me pasa la lengua por los labios.

—¿Tienes ganas de correrte? —pregunta sin dejar de lamerme...
No consigo pronunciar palabra, estoy rozando las puertas del infierno con las manos.

—Puedo estar así horas, solo dime si quieres correrte ya o no...—
dice Ian agarrando mis nalgas por debajo de la falda y bajándome de la repisa del baño. Está justo debajo de mis piernas, con su boca en mis «labios» y sus manos en mis nalgas, el calor es insoportable y la contracción rítmica de mi vagina advierte que está a punto de estallar.

—Si no te quitas de ahí, vas a acabar muy mojado —consigo decirle entrecortada...

—¿Y quién te ha dicho que no me esté muriendo de sed?

Después de unos minutos de lamer, succionar y arrancarme la vergüenza con sus dedos bebió de mí como quien vuelve a la vida al encontrar una fuente en el desierto. Besó mis labios con picardía, y me sonrió orgulloso del resultado. Volvimos al salón y nos recostamos abrazados en el sofá, con la única luz que la que manaba del portátil que estaba encima de la mesa, alargó el brazo y entró en Spotify.

—Así que ya no tienes mi lista de reproducción, y en su defecto hay una titulada Música 100% comercial. —Ian se ríe y me besa en la frente.

Sonrío anestesiada mientras me abrazo a él, con el sonido de su corazón en bucle pegado a mi oreja. Poco a poco mi cuerpo se rindió, cerré los ojos y dejé que el sueño se apoderase de mí.

Desperté en mitad de la noche con la boca seca y el olor de Ian en mi pelo, pero sin rastro de él. A tientas llegué hasta la cocina, para llenar un vaso de agua fresca y sacar del cajón una pastilla para el dolor de cabeza que empezaba a hacer acto de presencia en mí. Reconozco que no me sorprendió no verlo, era algo que ya empezaba a formar parte de nuestros encuentros, era un perfecto profesional de las escapadas y las estampidas... Pasé por el baño, encontré los pantalones de Ian en el suelo y sonreí... podía irse sin camiseta, pero ¿sin pantalones? «No lo creo», pensé.

Abrí la puerta de mi habitación y lo encontré mullido entre mis sábanas, con medio ojo abierto cual pirata divertido. Con un golpe repetido de su mano contra mi cama, me invitó a acompañarle en el viaje y a adentrarme en el «barco». Cuando aparté las sábanas y me dispuse a entrar dijo que me sobraba la ropa que llevaba puesta... Como si se tratase de una orden, desabroché lo que quedaba de mi camisa y la dejé deslizar sobre mis hombros. Ian miraba sereno desde la cama. Liberé mi pecho y le lancé el sujetador a la cara, creo que me vine arriba porque empecé a mover mi trasero mientras bajaba con picardía la única pieza de ropa interior que me quedaba. Antes de que mis bragas tocaran el suelo, me llevaba hacia él de un tirón de piernas y me penetraba sin delicadeza. El calor de su miembro dentro de mí ardía, emití un pequeño grito en forma de protesta que ignoró por completo regalándome una sonrisa infernal. No podía adivinar el ritmo de sus embestidas. A veces lentas sintiendo todo su miembro erecto completar el hueco de mi vagina húmeda. Otras veces tan rápidas que no podía diferenciar su excitación de la mía. En ocasiones me observaba a pocos centímetros de mi cuerpo mientras apretaba su pene en un afán de alcanzar mi cérvix a conciencia, me ruborizaba a la vez que me excitaba ver el movimiento de su glúteo que se encogía como si fuera a ganar espacio y a llegar a la meta... Cuanto más lento se movía más le pedía que me follara, era desesperante, llegué a rogar su embestida, estaba perdiendo totalmente el control, quería alcanzar el clímax y regalarle el agua de mi Cali que tanto deseaba. Me giró y agarró mi pelo con sus manos. No hubo compasión ni tiempo para las súplicas, se corrió sobre mi espalda y cayó encima de mí, rendido.

Hui de debajo de sus garras, pesaba un tonel el condenado, no podía dejar de tocarle y observar su cuerpo desnudo mientras dormía, me parecía tan atractivo... Tenía un cuerpo atlético, unos brazos musculados y unas piernas más finas de lo que seguramente le gustaría tener. De perfil Ian parecía griego, su cara era bastante ovalada, sus ojos marrones tan claros que parecían dos tarros de miel de la mejor colmena... Sus labios carnosos y su mentón prominente hacían que tuvieras ganas de morderlo a partes pequeñas para que te durara más. Tenía el cuello ancho, y un poco marcada la clavícula, su piel era tan fina que podía ver sin dificultad el conjunto de venas que recorría su cuerpo. Estaba resbaladizo después de la batalla, lo acaricié e hice un baile con el movimiento de mis dedos y el compás de su respiración, me relajaba, pero no podía dormirme.

No quería que se acabase la noche.
No quería que llegase mañana.
No quería que se fuese de mi cama,
Jamás.

7:00 h El despertador arranca sin piedad la calma de mi cuerpo, estoy abrazada al barullo de mis sábanas y no quiero levantarme. El amanecer se presenta caprichoso porque aún con las persianas bajadas consigue colarse ligeramente por los huecos de mi ventana. Extiendo el brazo para acariciar el pelo de Ian que se esconde debajo de la almohada, o eso es lo que imaginaba, porque antes de que el sueño me venciera, estaba boca abajo totalmente desnudo a los ojos del mundo. Retiro la almohada, y busco debajo de las sábanas como quien busca al «hombre del saco». Nadie debajo de mi almohada. Nadie en la cocina. Nadie en el cuarto de baño. Nadie esperándome desnudo. Nadie erecto en mi salón. Necesitaba una ducha y un café.

CAPÍTULO 15

La reunión entre Isabel, Lucas y yo, concluyó con el choque de nuestras tazas de café, simulando un brindis con cava en la sala principal del Rice. Por fin quedaban todas las peticiones y propuestas pendientes en nuestra lista de preparativos aprobadas para el enlace de los señores Fernández. Isabel nos extiende la mano y nos felicita por nuestro trabajo en equipo.

—Ya era un placer trabajar con Paula, pero trabajar con ambos ha sido apoteósico, gracias a los dos por la profesionalidad —dice Isabel.

—Paula es la mejor crupier de nuestra empresa. El placer es mío por haber colaborado con ella en su proyecto. Gracias Isabel por la confianza —dice el que es mi enemigo número uno del Rice mientras me guiña un ojo y... «¿Eso ha sido una sonrisa?» pienso mientras asiento agradecida con la cabeza.

Acompañamos a Isabel a la recepción y volvimos al despacho de Lucas para cerrar las negociaciones, enviarle a Laura el presupuesto firmado y que pudiera archivarlo.

—Paula cierra la puerta, por favor... —dice Lucas al entrar en su despacho.

Me siento frente a él y no puedo disimular mi satisfacción, mi alegría, hemos cerrado el evento con más ceros de los que pusimos en el presupuesto y en parte ha sido gracias a Lucas y a nuestro trabajo en equipo.

—Hemos triunfado señor Lucas —bromeo mientras sonrío.

—¡Ven aquí!

Lucas se levanta y me alza de la silla con un abrazo. No deja de reírse y de dar vueltas... Tiene una risa contagiosa, de esas que te daría vergüenza que sonase en mitad de un restaurante concurrido, pero... dado el momento, es muy divertido y pegajoso, estamos los dos riéndonos y dando vueltas por su despacho sin percatarnos que «Lady Lingus» acaba de entrar y observa la escena del Diario de Noa, riendo a pleno pulmón bajo la lluvia en la barquita, desde la puerta, pero el actor no es Ryan Gosling, sino su futuro marido...

—¿Interrumpo? —pregunta Alicia.

Lucas me suelta y caigo de culo contra el suelo, lejos de sentir dolor, aquello aumenta mi risa floja y no podía volver en mí. Para la desgracia de Lucas que está rojo como un tomate y no da pie con bola...

—Alicia, hemos firmado el presupuesto de los señores Fernández, lo conseguimos mi amor, ya está cerrado —se defiende mi compañero ante la escena.

—Paula ¿nos puedes dejar solos, por favor? —pregunta Alicia mientras me invita a salir sujetando el pomo de la puerta con aires de Señorita Rottenmeier.

—Por supuesto —contesto mientras froto mi trasero, sintiendo el golpetazo que he recibido cuando Lucas me ha soltado, haciéndome caer a cámara lenta.

De camino a mi despacho veo a Felipe caminando sonámbulo con una taza de café en la mano y la mirada perdida. Me choco intencionalmente contra su brazo y derrama un poquito de su desayuno en el pasillo. —¡Joder Paula! ¡Mira por dónde vas! —me grita, reprimiendo mi acto travieso.

—¡Eh! Es una broma, perdona, no quería darte tan fuerte, lo siento ¿estás bien? —pregunto mientras me agacho a limpiar las pequeñas gotas de café que cayeron al suelo.

Felipe ignora mis disculpas y mi pregunta, y sigue caminando hacía su despacho, agilizando el paso. Por un momento dudo si seguirle hasta el despacho, pero creo que empeoraría las cosas y prefiero seguir mi camino y darle tiempo, quizá a última hora del día le escriba un correo electrónico para ver que le ha pasado. No era la primera vez que lo veía de mal humor, pero nunca conmigo.

Ian me dio los buenos días por WhatsApp, no me gustó demasiado que se fuese sin despedirse, pero ya no era algo que me sorprendiera demasiado. Había tenido una noche de sexo increíble, pero me quedaba mal sabor de boca... Al fin y al cabo, no habíamos aclarado nada, y no sabía que había significado para él la noche anterior. Estoy deseando contarles a las chicas, pero entre el alcohol y el exceso de adrenalina necesito irme a casa cuando salga de la oficina, me van a odiar por no aceptar las cervezas en el Hollie... «Se lo recompensaré».

Quería pasar una vez más por casa de Matías antes de irme al apartamento, pero cuando estaba en el coche de camino a su casa, recibí un WhatsApp de mamá.
—Matías ha llamado a casa, que se ha tenido que ir unos días a Barcelona, que no nos preocupemos, que nos llamará a finales de semana. Qué alegría hija, ya me quedo más tranquila... besitos, mamá.
—¿A Barcelona? Vale mamá, si te vuelve a llamar dile que me llame. Besitos.

¿Qué se le habrá perdido a este en Barcelona? Le escribí un mensaje más aprovechando la información que acababa de pasarme mi madre.
—Hola Mati, mamá me ha dicho que estás en Barcelona ¿estás bien? El otro día pasé por el piso, pero no había nadie. La verdad estoy pensando mucho en ti, cuídate, y si necesitas hablar llámame. Paula.
—Hola, siento mucho haberos tenido en vilo. Lo siento, me da vergüenza veros, voy a volver a Cáceres pasado mañana, pero le he

dicho a mamá que volvería el viernes ¿Nos vemos tú y yo antes? —
contesta Matías.

—¡Sí! Miércoles donde quieras.

—¡Vale! Nos vemos en tu casa a las 19:30 h —propone Mati.

—Si me dejas tirada te mato... —le amenazo.

—Te prometo que ahí estaré —se despide Matías con un par de
emoticonos de caritas y besos.

El nudo que llevaba en el estómago desde hacía una semana se
aflojó de golpe, hablásemos mucho o poco, él era mi hermano y la
sangre tiraba.

CAPÍTULO 16

Desde la esquina del Hollie puedo oler los churros recién hechos. Hacía semanas que no bajaba a desayunar antes de irme al trabajo, todos los contratiempos sufridos en las últimas semanas me habían alejado de mi rutina. Cuando entro en el bar, Pedro me regala un abrazo y un «te echaba de menos». La verdad yo también a él, a la sensación de estar en casa, de sentirme arropada y el aroma incomparable del café del desayuno.

—¿Lo de siempre princesa? —pregunta mi camarero favorito pellizcándome el moflete.

—Lo de siempre —contesto mientras suavizo el estirón de mi mejilla.

Como odiaba que me tiraran de los mofletes, es algo que me transportaba a la infancia, al pueblo de mis abuelos. Cuando iba a pasar los fines de semana y tenía que acompañar a mi abuela a comprar el pan. No había vecina que no se parara a hablar con ella y no agarrase mi moflete meneándolo de un lado a otro, mientras piropeaban el color de mis ojos o hiciesen referencia a lo mucho que había crecido de una semana a la otra. ¡Era algo que me ponía de los nervios! Por lo que, desde entonces, si veía a alguna señora acercarse a mí, siempre agilizaba el paso con el fin de salvaguardar mis mejillas de las vecinas.

—Café grande con leche tibia y un mini de serrano —dice Pedro mientras coloca mi desayuno en la mesa—. ¿Me has puesto los cuernos todos estos días? —pregunta.

—¡No! Claro que no —contesto—. Bueno... Un día casi voy a desayunar al Zeppelin... pero eran cosas de negocios y terminé quedándome dormida, así que no desayuné.

—Me alegro —dice Pedro—. Eso te pasa por tener la intención de ponerme los cuernos en el desayuno... ¡Dios te castigó!

≪Vaya que sí≫ pensé.

Lucas me envió un mail anoche, me pedía disculpas por haberme dejado caer al suelo y por la escena de celos de Alicia... Al final, el capullo va a terminar cayéndome bien. Contesté divertida, que mañana por la mañana podía poner su autógrafo en el morado de mi culo que llevaba su nombre. No podía verle leyendo mi mail, pero estaba segura de que se estaría riendo. Sin embargo, Felipe no contestó a mi mail, me tenía preocupada, tampoco pude verle salir del despacho, por lo que intuí que me estaba evitando... Le había encargado a Pedro dos croissants de chocolate y un café solo americano para llevar, tenía la intención de chantajear a mi ojito saltón, conquistando su estómago a primera hora de la mañana.

10:00 h. Entro en el Rice.
Laura me advierte que tengo visita y que está esperándome en mi despacho.
—¿Quién es? —le pregunto.
—Creo que es un comercial con el que trabajas, una vez te dejé un sobre en la mesa de su parte.
—¿Qué? ¿Estás segura? —pregunté incrédula.
—Oh... sí... —dice Laura mientras coge aire y bromea abanicándose con la mano.

≪La mataré≫ por hablar de Ian de esa manera tan lasciva.

Ian está sentado en mi despacho, en el lado contrario al que debería estar esperándome, y presume de mesa como si fuese suya. Cuando me ve entrar, sonríe y se levanta cediéndome el sitio que me corresponde.

—Vaya, me traes el desayuno, que considerada... —me dice arrancándome el café y el croissant de las manos, mientras me observa fijamente.

—¿Qué haces aquí? —pregunto dando por perdida mi reconciliación con Felipe (al menos en cuanto a lo de ganármelo con la comida). Antes de que pudiera contestar a la pregunta, Lucas entra en el despacho con su mejor sonrisa y viene directo a mí para darme un abrazo. Mira a Ian y con tono burlón se disculpa por la interrupción.

—Disculpe, es que ayer lo dejamos a medias, ¿verdad compi? — Lucas me mira sonriente.

—Sí... jejeje bueno, no te preocupes —contesto nerviosa.

—Lo del autógrafo... lo dejamos para luego. —Mira a Ian y me mira a mí. Sonríe cómplice de mi sugerencia y me pregunta si quiero ir con él a almorzar.

...

—Lucas, estoy reunida ¿hablamos luego? —Logro balbucear.

—¡Oh sí, sí, claro! ¡Perdona! —Le da un golpecito en la espalda a Ian, el cual tiene cara de pocos amigos, y se va.

—¿Me estoy comiendo el desayuno de tu enemigo número uno? — pregunta Ian con un tono de seriedad que desconocía.

—No —le contesto.

—¿Seguro? Porque creo recordar, que se llamaba Lucas el cabrón aquél que te quería quitar el proyecto y con el que no querías trabajar... ¿Ahora le traes el desayuno a la oficina? ¿Coméis juntos cada día?

—El desayuno era para mí, y no, no comemos juntos nunca. Pero ayer cerramos el presupuesto de los Fernández y supongo que quiere celebrarlo.

—¿Dos croissants y un café después de haber desayunado en el Hollie? Comes mucho para estar tan delgada —dice Ian con ironía.

—¿Me has estado espiando? —pregunto enfadada.

—No seas ridícula, quería desayunar contigo, pero he llegado tarde, y por lo que veo también llego tarde para el almuerzo.

—No le he dicho que sí, solo quiere celebrar que el trabajo de ayer salió bien —protesto alterada.

—¿Follando con su enemiga? —dice Ian mientras sale del despacho.

Quería salir corriendo tras él, evitar que se fuese cabreado y con una idea equivocada. Pero estaba en el Rice, y no iba a dar de qué hablar a mis compañeros, y menos iba a montar una escena en mi lugar de trabajo. Le vi marcharse a cámara lenta, plantada y fría desde la puerta de mi despacho. Llevaba 48 horas con el WhatsApp de Ian activo, pero intuía que antes de que saliera del Rice, volvería a desaparecer.
—Ian, te estás equivocando. ¿Lo hablamos luego?

El mensaje marcaba un único tic, la conversación volvió a quedar sin foto y sin estado. Volvía a negarme la posibilidad de hacerle llegar una explicación o una protesta por tratarme así... Solté el móvil con rabia y me fui al despacho de Felipe, quizá no tenía con qué disculparme, pero necesitaba saber que estaba bien, y que el infortunio de ayer no iba conmigo, al menos no era como para dejarme de hablar.
Me asomo a la puerta de su despacho y observo que está totalmente concentrado en su portátil. De fondo suena la música de piano de Yiruma, levanta la vista y se levanta al verme.
—Lo siento mi niña —murmura.
—¿Estás bien? —pregunté sin más que decir de lo ocurrido ayer.
—No lo sé, mi mujer lleva semanas distantes. Tú estás entretenida, Lucas parece que gana puntos contigo, ayer os vi dando vueltas en su despacho... y me parece que me he puesto celoso de todos los hombres del mundo. De los que están cerca de ti y de los que están cerca de mi mujer.
Le abrazo mientras me rio, y le digo que es el hombre más importante de mi vida.
—Así sí, ¿ves que fácil es hacerme feliz? —me dice Felipe mientras se rasca la cabeza como si se le hubiesen caído un par de pulgas en el pelo.
—Tengo mucho que contarte, pero que tú hayas dejado de ser mi mejor compañero en el Rice, no es ... ¿vale? En cuanto a tu mujer...

igual solo necesita un poco de tiempo. Tú eres un hombre sensato, habla con ella, sin más. Dile que la notas distante y después...

Cómele el potorro. —Bromeo.

Felipe me pega un empujón mientras dice—: ¡Ya te lo has cargado! Con lo bien que ibas, eres peor que Satanás... Me guiña el ojo y me echa con un movimiento de mano de su despacho, mientras me recuerda que no puedo fiarme de Lucas.

CAPÍTULO 17

Queda poco más de un mes para las bodas de oro de los Fernández.

El señor Ramírez ha mandado un mail, quiere reunirse con Lucas y conmigo para que le pongamos al día de los cambios realizados en el presupuesto. Quizá sea ese el verdadero motivo por el que Lucas quiere ir a comer conmigo hoy. La verdad, con lo que ha pasado con Ian, tengo la cabeza para todo menos para ir a comer con él, pero tengo que dejar mis problemas a un lado y cerrar este trabajo con broche de oro. Queda poco tiempo y tengo que decidir si quiero seguir en esto o me tomaré ese tiempo de desconexión en el Rice que tanto ansío. Había vuelto a la insatisfacción profesional, al vacío, a la desilusión... Había vuelto la desgana, los domingos por la tarde pensando que al día siguiente tenía que volver a la oficina sin querer que llegase el lunes. Ni siquiera me hacía ilusión recibir propuestas con mi nombre y apellido, estaba estancada y empezaba a agobiarme la falta de aire e interés de mis pulmones por seguir respirando el oxígeno del Rice. Tenía cinco semanas para decidir que hacer con mi vida.

Mi teléfono sonaba y la extensión 530 aparecía en la pantalla digital informando de quien estaba al otro lado de la línea.

—Hola Lucas —contesté.

—¡Hola súper compañera! ¿Preparada para ir a comer al Atrio? He reservado mesa a las 14:00 h.

Quería decirle que no estaba para celebraciones, pero estaba cansada de posponer las cosas y de que Ian cambiase mi estado de ánimo. Desde que él había aparecido en mi vida, mi estabilidad emocional andaba de borrachera.

—Vale ¿compartimos coche? —pregunté.

—Claro, así estrenas mi recién adquirido Audi Q8 —dice mientras se le cae la baba presumiendo de juguetito nuevo.

A las 13:45 h salimos juntos del Rice en dirección a su coche. Cuando lo vi, bromeé exagerando mi reacción y pidiéndole una escalera plegable para poder subirme a él... Ambos nos reímos a carcajadas, estaba olvidando que apenas unas horas antes, Ian salía de mi despacho acusándome de algo que no tenía cabida para alguien que no era nada ni nadie en mi vida, y compartía casa y cama con su ex.

El restaurante del Atrio se encuentra dentro del hotel que enmarca su nombre, es de arquitectura moderna, con pinceladas árabes y judías, un concierto de luz y transparencias en pleno casco antiguo de la ciudad de Cáceres. No solo es conocido por su belleza arquitectónica, sino que además le precede su buen nombre en cuanto a la gastronomía, unión perfectamente enlazada entre los alimentos extremeños y la cocina vanguardista llegada de cualquier punto del mundo para el disfrute y el deleite de sus comensales.

Lucas retira mi silla y hace gesto con su mano para que tome asiento, me acerca a la mesa y me guiña el ojo. Me río ruborizada, no sé si por payaso o por cursi, pero me divierte su actitud.

—Paula, tú y yo no empezamos con buen pie, y sé que piensas que soy un capullo. La verdad tú a mí me caías fatal, siempre tan perfeccionista y ruidosa, con esa risa fresca y esa actitud positiva... Pero desde que trabajamos juntos he conocido a una Paula diferente, y me gustaría que supieras que ha sido un verdadero placer trabajar contigo en esto. Gracias por aceptar mi colaboración.

—En realidad no la acepté yo, la aceptó tu P A D R I N O —le digo con retintín y una sonrisa maléfica.

Lucas rompe reír a carcajadas mientras se tapa la cara con la servilleta.

—Vale, lo reconozco, jugué sucio y con ventaja, pero tienes que reconocer que ha salido muy bien, y formamos un buen equipo —dice mientras pone su mano sobre la mía.

—Vale... sí, lo reconozco. E incluso que no eres tan vomitivo como creía y que tu sonrisa pegajosa ya no me molesta, ahora... hasta me entretiene, pero... sigues siendo mi enemigo número uno, y si nace un nuevo proyecto en el Rice, iré a por todas como hago siempre —le advertí.

—Sería una decepción que no lo hicieras —contestó.

Empezó a acariciar muy despacio mi mano, mientras nos mirábamos fijamente, casi sin parpadear, observé entonces que los ojos de Lucas eran de color azul cielo y que su sonrisa escondía toda una galaxia. Me sonrojé al ver que sus pupilas se dilataban y sus mejillas también se encendían. Retiré mi mano de debajo de la suya con brusquedad en el mismo instante en el que me percaté de que Alicia estaba al otro lado del ventanal del restaurante observando.

Comer sola en el Atrio no estaba dentro de mi lista de deseos. El pobre Lucas quedó color tocino en el momento en el que la vio darse media vuelta e irse calle abajo por el callejón de la monja. Esperaba poder hablar con él cuando llegase al Rice, pero su despacho estaba vacío, no me atreví a dejarle un mensaje en su buzón de voz, ni siquiera pude enviarle un mail. Me sentía culpable por haber mantenido fijas nuestras miradas y no haber quitado antes mi mano de debajo de la suya. Sin duda ese estúpido acto nos iba a pasar factura a los dos. Alrededor de las siete y cuarto su despacho seguía cerrado, recogí mis cosas y me fui de la oficina.

CAPÍTULO 18

21:00 h. Llegué al piso de Elisabeth con un par de botellas de vino y un mousse de limón recién hecho. Las chicas y yo habíamos quedado para cenar y ponernos al día. No sabíamos aún como le había ido el viaje a Patricia, ni si seguía teniendo el mismo nombre el hombre misterioso que se estaba beneficiando a nuestra amiga Elisabeth. De todas las novedades que había para la noche, estaba segura de que la escenita del Rice y del Atrio, daría para un bestseller... sin embargo no tenía muchas ganas de contarles lo ocurrido con Ian, empezaba a estar cansada de sus idas y venidas y las reprimendas de mis amigas por no pegar carpetazo a una historia que no me llevaría a ninguna parte y que por alguna extraña razón no era capaz de quitarme de encima.
Como la Ley de Murphy existe y funciona por alguna jodida razón... os imaginaréis entonces por donde empezó la conversación aquella noche...
—Amiga, para haber follado mucho y muy bien con Ian, tienes cara de pocos amigos... ¿Seguro que te gustó? Porque en tu audio parecías poseída por el protagonista de Aquaman, hasta yo quería volverme La Sirenita de golpe, y ahora parece que hubieses lamido un limón —dice Lisa divertida desde la cocina.
—Sí cariño, ¿qué te pasa, estás bien? —pregunta Patri.

Me daba tanta pereza contarles lo sucedido que emití un simple «puaj» a la vez que me encogía y me estiraba de hombros...
—Os resumo diciendo que después de follar en el baño, dormir en el sofá y volver a follar en mi habitación, cuando desperté ya se había ido... Tuve mensajes de buenos días y hasta comentarios obscenos que definían la mejor imagen de la noche y un adjetivo divertido que ha adoptado recientemente mi trasero... Después de

eso, desapareció y apareció en mi despacho y se puso celoso de Lucas. Creyó que el desayuno que había comprado para Felipe (hago un inciso y les explico porque trataba de sobornar a mi compañero de trabajo con un café y un croissant) era para Lucas, y se marchó remugando sobre mi enemigo número uno y una sesión de sexo inexistente por ahora.

—¿¿¿POR AHORA??? —gritan al unísono.

—¿¿¿PERDONA??? ¿Qué nos hemos perdido? —me pregunta Patricia.

Lisa me está mirando con perplejidad.

—Bueno nada, en realidad... no os habéis perdido nada, es solo que no me parece tan capullo como antes... y bueno... ¿Sabíais que tiene los ojos azules...? Qué fuerte, ¿no? Yo no me había dado cuenta nunca de que sus ojos son preciosos... además Jajaja qué risa más pegajosa tiene el cabrón. Jajaja es que es mortal... reírse con él, es mortal... Jajaja no sé, es diferente... es que no os he contado, pero... he estado comiendo con él en el Atrio. Jajaja y madre mía que cursi, me retiró la silla... parecía un gentleman. Jajaja bueno... yo que sé, esas cosas tontas que hace él... eso sí, la comida se ha ido a la mierda... porque Alicia, su prometida... nos ha pillado agarrados de la mano... pero no era nada, ¿eh? Estábamos tocándonos las manos por encima de la mesa... vamos, que no era nada... en serio, pero claro... se ve desde fuera, y oye, pues igual... yo que sé... parece otra cosa, pero no, ¿eh? Que no era nada... una tontería... ¿Vais a decir algo? Porque... me da la sensación de que estoy hablando mucho, pero no estoy diciendo nada... —les digo intentando recuperar el aliento.

Me acabo de dar cuenta de que estoy nerviosa, me sudan las manos y mis amigas no emiten palabra alguna, solo se miran, me observan y al cabo de dos microsegundos que parecieron una eternidad rompen a reír a coro.

«¡Mierda! ¿Qué me está pasando?» pensé.

En realidad, Lucas no me gustaba, era solo que daba emoción a mis últimas semanas, era fácil de agradar y se había mostrado muy amable y cuidadoso conmigo. Resultaba bastante tierno ver como él mismo quitaba capas de piel de su máscara permanente y se mostraba sin más ante mí. Durante muchos años habíamos sido rivales y no nos molestamos en conocer al otro más allá de sus puntos débiles y siempre con el fin de machacarnos en la sala de reuniones, me había gustado mucho descubrir esa otra parte de él, la parte humana, la parte en la que se alegraba por mis logros, y quería celebrar nuestro buen trabajo en equipo, me había gustado intercambiar mails sobre ideas nuevas para el proyecto y memes banales sobre cualquier chorrada del mundo. Me había hecho reír mientras daba vueltas alrededor de él en su despacho, me había hecho sentir algo nuevo al mirarle fijamente a los ojos, y hasta me había ruborizado en el restaurante cuando rozó su mano con la mía. No creía que fuese nada más que lo novedoso, lo diferente de la relación que había entre nosotros... En realidad, por muchos años que hiciese que Lucas y yo trabajáramos en el Rice, nunca habíamos compartido tanto tiempo juntos.

—¿Seguro que no te está empezando a gustar Lucas? —pregunta con miedo Lisa.

—No. No me gusta Lucas, me gusta su forma de ser y descubrir que no es tan capullo, pero ahora mismo, mi mente está en Ian... Aunque después de la escenita del Rice, me ha vuelto a bloquear en WhatsApp así que, vuelvo a estar incomunicada y sin la posibilidad de defenderme.

—Ese sí que es un capullo de los buenos —sentencia Elisabeth.

La casa de Elisabeth empezaba a oler tremendamente bien, siempre se le había dado genial cocinar. La anfitriona tenía fama de conquistar a los hombres por el estómago, entre otras cosas, si los rumores eran ciertos... Los padres de Lisa habían llevado un restaurante muchos años antes de que su hermana Lidia naciese y decidieran malcriarla a jornada completa. La mesa vestía un mantel blanco impoluto con bordados de flores silvestres y mariposas de hilo en tonos rojos, rosas, azules y verdes que se unían entre sí rodeando la mesa. Su tacto era suave, olía a limpio, unas borlas blancas que caían de las esquinas del mantel le daban un toque desenfadado. En vez de una cena entre amigas parecía Nochebuena. La mesa estaba montada con tanto mimo que me recordó a cuando mamá sacaba el juego de platos y copas que se pasaban el año como decoración detrás de la vitrina de cristal, que deben de heredar todas las hijas casamenteras antes de dejar el nido, y sólo desempolva para fechas especiales.

Lisa ha colocado la vajilla que tanto me gusta. Su fondo es rojo mármol, pero el exterior es blanco mate, el borde está perfilado con una diminuta línea dorada, el contraste de colores es brutal.
Me percaté tarde de que alguien más nos acompañaría esa noche, porque había un cubierto más en la mesa y acababan de llamar a la puerta…
—¿Esperamos compañía? —pregunta Patri.
—Eso parece —contesta Lisa mientras seca sus manos en el trapo de la cocina y se va sonriendo hacia la puerta.

Al otro lado de la puerta esperando a que le den paso hay un chico apuesto, de pelo rubio y media melena, que sonríe con la misma postura que tiene Ken antes de abrir la caja que lo refugia de su querida novia Barbie, decoradora de interiores. Trae una bolsa de papel de "La Guinda" y un perfume caro detrás del lóbulo de la oreja… Lo sé porque puedo olerlo desde aquí y me están entrando ganas de comérmelo…
—Llegas tarde —le dice mi amiga mientras le da un beso en la mejilla.
—Te lo compensaré —promete Ken mientras nos guiña un ojo buscando la aprobación de sus amigas.

«¡Aprobado hijo mío! ¡Aprobado! Madre mía como está el tío» pensé.

Mañana mismo me abro un perfil en la misma app que Lisa y dejo a Ian sentado en el banquillo y mis ganas de llorar en la taquilla. La cena resultó amena y divertida. Ken, que no se llamaba así pero que le quedaba mejor que Joaquín, era el tipo de personas que te caen bien solo con verle los perfectos dientes blancos tras su enorme sonrisa. Debía tener treinta y cuatro, o treinta cinco años máximo, licenciado en arquitectura, amable, respetuoso, simpático, culto, divertido, guapo... El condenado lo tenía todo, vestía bien, olía bien y trataba bien a nuestra amiga, al menos con la ropa puesta... porque tenía una pinta de «portarse mal» en la intimidad que solo de pensarlo me ruborizaba. Patricia estuvo un poco distante durante la cena, intuí que se quedó con las ganas de contarnos su viaje de sexo y placer. Cuando empezamos a despejar la mesa para hacerle hueco al postre, hizo amago de quererse ir a casa con la excusa de que Max ya le había mandado algún que otro mensaje preguntándole si llegaría muy tarde. Aproveché que Barbie y Ken iban a preparar los postres a la cocina para preguntar si estaba bien.

—Estás muy callada, y tus novedades ¿qué? —pregunto.

—¿Mis novedades? Pues nada, mis novedades nada... Como siempre... Como yo estoy casada, mis novedades no son tan divertidas como las vuestras y siempre termino yéndome a casa con la sensación de que solo habláis vosotras y que os importa un huevo que me esté pasando a mí, porque yo también follo con Max ¿sabes? Quizá no tanto ni de manera tan lujuriosa como vosotras, pero la idea ahora mismo es quedarme embarazada y no grabar una película porno... ¡Perdonad si soy un puto muermo! —grita.

Y sin más, se levanta y se va tras pegar un portazo que sacó del momento romántico y de la cocina a mi amiga y a «su» Joaquín.

—¿Qué coño ha pasado? —pregunta Lisa.

—No tengo ni idea —le respondí.

CAPÍTULO 19

No podía dormir...

Le daba vueltas a todo, al hecho de que Ian estuviera en mi despacho después de decirme que me vio desayunando en el Hollie. Me parecía raro que me estuviera observando y decidiese ir a verme al trabajo, la sensación de vacío que me dejaba cada vez que me bloqueaba el teléfono y me capaba de esa manera tan fría la comunicación. El recuerdo de su cuerpo erecto y desnudo bajo mis sábanas, el olor a su perfume que dejó en el baño el día que se fue de mi apartamento. Pensaba en si Lucas estaría bien. Si habría podido convencer a su pareja de que la comida en el Atrio era profesional, fantaseaba pensando que se inventaría cualquier cosa para justificar nuestras manos en la mesa... quizá que un mosquito tigre iba a comerme y trataba de ahuyentarlo. Tenía la tentación de mandarle un mail, o incluso un mensaje al teléfono de la empresa, pero me daba pavor empeorar las cosas y que Alicia terminara arrastrándome de los pelos por todo el Rice, con la sombra de su tío, el señor Ramírez (mi jefe) de testigo. Recordaba las palabras de Patri y me entristecía enormemente. Sentía que no había sido la amiga que ella estaba necesitando últimamente y me dolía en el alma. Estas semanas estaban siendo devastadoras y no le había prestado la atención que se merece, quería remediarlo, quería ir a su casa y darle un abrazo, pero no eran horas de presentarme en casa y sabía que Max madrugaba mucho cada día por lo que preferí escribir un parrafón.

—Hola Patri, siento mucho que no te haya dedicado el tiempo que te mereces. Tienes razón, estas semanas entre el Rice, mi hermano e Ian he estado de lo más narcisista. Nunca me has parecido aburrida, eres una mujer sensacional, ojalá yo hubiera tenido la suerte de encontrar a una persona como Max y formar un hogar, una familia. Quizá así no andaría tan loca y revuelta... para mí, tú eres paz, eres casa y quiero tenerte cerca. Pon día y hora para volver a quedar... Prometo estar por y para ti ¡Lo prometo! No te enfades mucho, porfi. No sé vivir sin tus abrazos. Te quiero.

Enviado.

(...)

—Pues yo a ti no —contesta al minuto Patri, seguido de un montón de emojis de corazones.
—¡Mentira! —exclamé, llenándole la pantalla de caritas sonrientes.

Patri se disculpa por irse sin despedirse en el grupo de WhatsApp y promete explicarnos como se siente en la próxima quedada. Es la 1:30 h y Lisa ya no contesta al mensaje, presiento que debe de estar desenvolviendo a Ken.

(Mensaje nuevo)

Número desconocido

—Hola Paula, soy Lucas, este es mi número personal. No me mandes mails que no sean estrictamente laborales, Alicia está que echa humo... Siento mucho que te quedaras sola en el Atrio, pásame la factura de la cuenta, que yo la pago. Igual estoy un par de días sin pasarme por el Rice, creo que me conviene hacer teletrabajo y apaciguar a la bestia... Igual... se nos daba mejor ser enemigos, igual... tienes la piel demasiado suave, igual... me caes demasiado bien... Mejor si no contestas al mensaje. Cuídate.

El mensaje de Lucas me alivió bastante. Me quedó la duda de saber cómo había conseguido mi número personal. En la guía de empresa solo aparecen los números corporativos, y que yo sepa, mi teléfono solo lo tenía Felipe. Me extrañaba mucho que «ojitos saltones» fuese por el Rice repartiendo mi tarjeta de presentación. Pero me preocupaba más el hecho de que me acabase de ganar como amigo a mi enemigo número uno y como nueva enemiga a la sobrina del jefe, realmente estaba a punto de perder más de lo que había ganado con el cambio. Acababa de entrar en el parking de la empresa cuando Laura me estaba llamando desde la recepción.

—El señor Ramírez quiere que vayas a su despacho —me susurra mi compañera al teléfono.

—Vale —le digo con su mismo tono de voz y le pregunto—, ¿por qué hablamos tan bajito?

—Es que el señor Ramírez me da miedo y hoy tiene cara de pocos amigos... —me contesta tímida.

—Gracias Laura, ahora mismo subo, ya estoy en el ascensor.

El ascensor tardó exactamente un minuto treinta y seis segundos en llegar a la puerta de la recepción del Rice. Laura está color berenjena y el señor Ramírez me espera junto al sofá de piel que hay en el recibidor que da a su despacho. Llevaba un minuto y treinta y seis segundos hiperventilando. Creo que llegados a la puerta de su despacho me desinflé como un globo de feria.

—¡Enhorabuena Paula! He recibido el informe de mi ahijado y la felicitación por parte de Isabel Fernández. Esta era la actitud que quería ver en ti, me satisface ver que has sido capaz de trabajar en equipo y que además habéis mejorado el presupuesto en gastos y beneficios. Lucas va a estar un par de días fuera de la oficina, así que he pensado que te tomes lo que queda de semana libre. ¿Qué te parece? Habéis trabajado duro, creo que ambos podéis trabajar desde casa, si necesitamos algo, ya os avisaremos —dice mi jefe mientras extiende su mano y la aprieta con fuerza contra la mía. Las piernas me temblaban igual que si me hubiese pasado a todo el equipo C.B Cacereño por la piedra.

Fui a recoger mi portátil al despacho para disfrutar de unos inesperados días libres del Rice. Pensaba irme antes de que Ramírez se arrepintiera o se enterara de que su sobrina me había declarado la guerra recientemente. No sin antes pasar a saludar a Felipe y ponerle al día de las últimas novedades... Aquello se merecía un café mustio, de los de 40 céntimos y un snack de la máquina expendedora.

—Shhhhh ¿Café y snack? —le ofrezco a Felipe desde la puerta de su despacho.

—Marchando —me contesta divertido.

Le hago el mejor resumen de mi vida, mientras interpreto su lenguaje corporal e intuyo su reacción cuando le diga que Ian me ha vuelto a bloquear, que no puedo hablar con Lucas y que «Miss Cunnilingus» me odia...

Felipe está sentado en la mesa del comedor del Rice, tiene la cabeza apoyada en su propia mano mientras me escucha con atención, termino de soltar el bombazo y se acicala el pelo, a lo Tarzán de los monos, pero no dice nada. Me doy cuenta de que mis ojos se abren cada vez más y que estoy moviendo de manera involuntaria mi cabeza de arriba abajo esperando expectante su respuesta... Pero no dice nada, me mira y se muerde el labio inferior de la boca mientras reniega (no sé si de mi historia) con la cabeza...

—¿Qué? —le pregunto.

—Yo qué te dije con respecto a Lucas...

—Que no tenía que fiarme de él —le digo.

—Vale, ¿y qué quieres que te diga ahora?

—Pues lo que estés pensando —protesté.

—Bien, pues... ¡Suerte!

Felipe se levanta de su silla y se va directo a su despacho con la cabeza alta y el culo encogido. Como si tratase de mostrarme su dignidad por el pasillo del comedor. Definitivamente los hombres y yo no nos llevábamos bien, era cuestión de química, de perfumes, de repelente de hombres, de las hormonas o de un combinado con todo junto, pero no daba una con ninguno de ellos. Apagué la luz de mi despacho, cerré la puerta y me largué del Rice, con la idea de disfrutar de mis, caídas del cielo, mini vacaciones. Tengo casi cinco días por delante y no sé qué voy a hacer con tanto tiempo libre... Hace días que quiero pasar por el centro comercial Ruta de la Plata a mirar tiendas, así que llamo a Patri y le propongo un día de compras y confesiones.

CAPÍTULO 20

El centro comercial ha ido cambiando con el paso de los años. Muchas de sus tiendas, sus restaurantes e incluso el supermercado en el que tantas veces fui a comprar con mamá, tuvo que cerrar sus puertas por la crisis económica en la que nos envolvíamos hacía un par de años... Lo que más echaba de menos de esa metamorfosis era no ver los antiguos multicines en su interior. Cuando era una niña, me encantaba ir al cine, el olor a palomitas recién hechas y esa ingenuidad de cuando observas la pantalla como si estuvieras inmersa en un mundo mágico. Recuerdo que el sonido de cada película, a esa edad, era un viaje cósmico. Si algo echaba de menos en mi madurez, era no volver a tener esas primeras sensaciones grabadas en la piel.

En la actualidad, casi nada de lo que vemos o sucede a nuestro alrededor nos sorprende, esa inocencia que te abandona brutalmente sin previo aviso cuando dejas a un lado la infancia y te adentras aceleradamente en la pubertad. Odiaba ese preciso momento en el que las pequeñas cosas de las que disfrutaba, de repente se desintegran y el nivel de disfrute es menor y cuesta el doble percibirlo. Me entristecía pensar que es como casi todo en esta vida... con el paso de los años, la neblina los envuelve y tiendes a exagerar e idealizar los recuerdos de tu infancia o simplemente a olvidarlos. A mis veintinueve años, las palomitas saben igual, pero huelen diferentes. Patricia me está esperando en el Lizarrán, acompañada de una cerveza y un montadito de jamón serrano y pimientos del padrón. Tiene cara de estar satisfecha con su dieta calórica y pasarse por el arco del triunfo la operación biquini.

—Chiqui, no podía esperarte, me estaba muriendo de hambre... yo es que veo la vitrina llena de pinchitos y me vuelvo loca... —me dice con la boca llena.

Abrazo a mi amiga, mientras traga su montadito y le acompaño con una buena cerveza fría y otro pinchito, esta vez de tortilla de patata y alioli.

—¿Cómo estás? Me supo muy mal que te fueras de la cena anoche, Lisa y Ken creyeron que te había echado de su casa para comerme yo sola el postre —le digo.

—¿Ken? —Patricia ríe a carcajadas—. Siento mucho mi reacción, igual estuvo desmedida, últimamente estoy insoportable... Hasta Max, que es un santo, me ha dicho que me tome unos días para mí que hace mucho que no voy a ver a mi madre, que me vaya unos días a Salamanca y desconecte. Imagínate como estoy, que me quiere echar de casa. —Se ríe mientras me roba un trocito de tortilla sin ningún tipo de disimulo.

—¿Cómo fue el viaje con Max? —le pregunto, decidida a cerrar la boca con una cremallera, escuchar y no volver a abrirla a no ser que me traigan otro pinchito y una cerveza.

—¿La verdad? Muy bien. Llegamos a Torrejón el Rubio un poco pronto, así que decidimos dejar las cosas en la habitación y bajar a inspeccionar la zona. La Hospedería Parque de Monfragüe es espectacular, solo con las vistas de la naturaleza, el sonido de las aves y el contoneo de los árboles danzando con el suave viento ya lo hace idílico. Su reducido número de habitaciones te da la oportunidad de disfrutar de cada rincón sin sentir el bullicio, el lugar es mágico, acogedor y exclusivo. El spa no era muy grande, pero desprendía una sensación de paz inmensa; ¡No veas que siesta se pegó Max el último día en la tumbona de gresite! Como son térmicas y estaba calentito... pues te puedes imaginar... A los dos minutos de estar ahí tumbado observando la masía extremeña se quedó frito —dice Patricia entusiasmada.

—Joder, así como lo cuentas, entran ganas de irse para allá ahora mismo —le digo.

—Sí, sí, una pasada... y la comida ni te cuento... Madre mía, comimos como cerdos, hemos disfrutado mucho la verdad. Hicimos una visita al parque natural de Monfragüe al día siguiente de llegar y cuando nos terminamos de duchar Max ya había abierto una botella de cava, estaba tirado en la cama en gayumbos y jugaba con el mando de la tele todo verraco...

—¿Qué estaba verraco jugando con el mando de la tele? —pregunté confusa.

—Sí, Jijiji —contestó ruborizada.

Le quería poner imaginación a la cosa, pero juro que no se me ocurría nada erótico con el mando de la tele... Eso era una experiencia totalmente nueva y desconocida para mí. Quizá si Lisa hubiese estado allí con nosotras, habría soltado alguna guarrada enseguida, pero yo por más que le daba vueltas, estaba observando a mi amiga atónita y con las orejas muy abiertas para no perderme la clase magistral de mandos de tv y sexo en pareja que iba a darme.

—Es que el muy idiota había traído un pendrive con películas subidas de tono, y las tenía preparadas para cuando saliera de la ducha... ¿no te parece fuerte? —confiesa Patri.

En estos momentos estoy controlando mi respiración, intentando no parecer decepcionada con su respuesta ni romper a reír a carcajadas por la pregunta que me acaba de soltar y que pueda sentirse avergonzada o le decepcione mi respuesta... Adoraba su personalidad, era maravilloso verla ilusionada y me gustaba mucho que fuese así, tan auténtica y a la vez tan ingenua, tan inocente, con esa facilidad de disfrutar de los pequeños detalles, tan llena de vida, tan jovial y con tanto mundo por descubrir... Al contrario de lo que estoy pensando, emito una risita juguetona de complicidad y le pido más detalles, sabiendo a ciencia cierta que no me los dará porque se moriría de la vergüenza.

—Ahora es cuando me cuentas todo lo guarro. —Reto a mi amiga con un movimiento rápido y repetido de cejas.

—¡No! Eso es solo mío y de Max... Ummm, pero... diré que el conjunto interior que me dejó Lisa y tus zapatos de chúpame la punta fueron todo un éxito... —confirma satisfecha.

—¡Me alegro! Esa es la guarrilla de mi amiga —digo mientras le robo lo que queda del pinchito de tortilla y me lo termino de un bocado.

Después de patearnos el centro comercial sin demasiado éxito, decidimos llamar a Lisa que se había quedado preocupada con la actitud de Patricia de la noche anterior y reunirnos en el Hollie. Antes de meternos en el coche, revisé una vez más sin éxito mi WhatsApp. Seguía bloqueada y el último mensaje de Ian era el de buenos días que resonaba ya a antiguo en mi memoria.

Saqué las llaves de mi bolso y me dispuse a abrir mi Citroën C3 de color rojo que me había comprado el año pasado con mi renovación de contrato y con la ilusión de quien por fin suelta el coche viejo de papá para hacerse cargo de una maravillosa cuota mensual que te devuelve a la realidad que conlleva tener algo a tu nombre. Al llegar a la puerta, observé que tenía algo pegado en la ventanilla. Era una especie de post-it de color verde con forma de estrella.

Al arrancarlo pude reconocer la letra de Ian, solo ponía: Corazón de Jesús - 20:30 h

No era necesario decir nada más, después de tantos años resguardándome de mi propia soledad en el mismo sitio, aquellas palabras no daban pie a la indiferencia.

CAPÍTULO 21

Son las 20:20, estoy temblando dentro del coche, las chicas me aconsejaron que no viniera, que era absurdo que me tuviese bloqueada del WhatsApp pero me dejará una nota pegada en la ventana del conductor. En el fondo tenían razón y me sentía un poco tonta esperando en la Virgen de la Montaña a que el 4x4 de Ian apareciese. Tenía el corazón a mil, intentaba elegir algo relajante que escuchar de mi lista de Spotify cuando las luces de su coche me deslumbraron. No paró el motor, ni siquiera aparcó el coche, bajó la ventanilla y me pidió que subiera... Sin mediar una sola palabra, me subí.
—¿A qué estás jugando Ian? —pregunté.

No hubo respuesta por su parte, siguió conduciendo en silencio ignorando mi pregunta mientras nos alejábamos de la montaña. Apenas escuchaba su respiración, solo y de manera muy suave... tarareaba la música que llevaba en el coche.
—¿Cómo sabías que estaba en el centro comercial? —seguí preguntando.

Ian seguía en silencio mientras yo lo observaba perpleja sin tener respuesta. En el interior del coche sonaba la canción Ironic de Alanis Morissette:

«Un atasco de tráfico cuando ya llegas tarde.
Un letrero de "No fumar" en tu pausa para el cigarrillo.
Es como diez mil cucharas, cuando todo lo que necesitas es un cuchillo.
Es conocer al hombre de mis sueños y después conocer a su preciosa esposa.

¿Y no es irónico?... ¿no crees? Un poco demasiado irónico...»

Los ojos de Ian están fijos en la carretera, el interior del coche huele a su perfume, es distinto al que llevaba la noche que me lo encontré sentado en el portal de mi apartamento. Está ignorando por completo mis preguntas, sigue conduciendo cómodamente. Como si a su lado no hubiese nadie, como si tuviera el don de hacerme desaparecer con su silencio. Como ese juego infantil de taparse los ojos para hacerle creer al otro que ya no estás... «Si yo no te veo, tú a mí tampoco». Le miro fijamente y apago el equipo de música de su coche justo en el momento en el que Alanis canta—: *And isn't it ironic... don't you think?*
—¡Ian, te estoy hablando! ¿A qué coño estás jugando? ¿A dónde vamos? ¿Cómo sabías que estaba en el centro comercial?
—Ya casi hemos llegado —me responde con toda la serenidad del mundo, haciendo aumentar aún más mi indignación y mi inquietud.
—Yo no voy a ir a ninguna parte —le dije.
—Ah, ¿no? Pues estás montada en mi coche —me increpa.
—Eso es porque el coche está en marcha, pero en el próximo semáforo me bajo. O me dices a dónde vamos, o me bajo... —le grito intentando sonar amenazante.
—Siento decirte que en el campo no hay semáforos —afirma victorioso.

Entramos en un camino de tierra que comunicaba las afueras de Cáceres con Sierra de Fuentes, no había iluminación por aquel sendero. Empecé a controlar mi respiración, a calmar mi enfado y a dejarme envolver por la música que él había vuelto a poner.
Sí, me había dado totalmente por vencida. Su boca seguía sellada, por lo que empecé a canturrear y a dejarme llevar. Intentando olvidar que mi coche estaba encima de la montaña custodiado por la estatua del Corazón de Jesús, y a mí no me protegía nadie en el coche de Ian.
—Estaba saliendo de Massimo Dutti cuando te vi pasar con tu amiga —dijo de repente—. Vi tu coche fuera aparcado cerca de la entrada

del parking y decidí dejarte la nota... No soy un psicópata Paula, no te he seguido nunca.

—¿Qué no eres un psicópata? Ah... muy bien, pues lo pareces... podrías haberme mandado un WhatsApp y ya está. Tan fácil como desbloquearme de nuevo —le dije.

—Sí, eso es cierto. Pero así soy yo... inusual.

—Más bien gilipollas —afirmé.

Frenó el coche en seco y tras un tirón brusco del freno de mano, Ian se gira hacia a mi y dice

—Yo no te he insultado

—Lo siento —musité.

Arrancó el coche y siguió conduciendo durante quince o veinte minutos más, después de pasar una pequeña farola que colgaba de la rama de un árbol, giró a la derecha. Sacó un mando a distancia del hueco que había en la palanca de cambios y abrió el portón principal que daba acceso a una casa de campo. Salió del coche y se fue hacia un pequeñito armario de madera situado a la altura de una de las ventanas principales de la casa. Levantó el fusible que dio vida a unos pequeños farolillos de suelo que iluminaban el camino hacia la entrada principal del porche y me miro.

—¿Te vas a quedar ahí? —preguntó.

Salí del coche observando la finca, si ya era hermosa la vista a media luz, no quería imaginarme lo que sería despertarse allí y disfrutar del aire puro. La entrada de la casa era espectacular, había un sinfín de árboles frutales, setos y flores de todas clases: rosales, geranios, petunias, dalias... El sonido del agua resbalando entre las piedras hicieron que desviase mi mirada hacia el otro lado de la casa descubriendo una maravillosa fuente llena de peces de colores y diferentes figuras de piedra alrededor de las escaleras que bajaban a una piscina. La casa era de madera y piedra, se percibía una enorme chimenea en su interior, podía intuir su tamaño por la salida de humo que se observaba desde fuera. Cuando Ian abrió la puerta y me cedió el paso, sentí como el olor a lavanda y a copal inundaban la casa, el ambiente era cálido, la decoración era sencilla y acogedora, sus tonos madera y tierra hacían juego con los altos techos vestidos con troncos de madera a modo de vigas vistas, las luces tenues terminaban de hacer la magia que existía en ese lugar.

—¿Dónde estamos? Es precioso —le dije.

—Es la casa de mis padres. Se han ido de viaje... Pensé que te gustaría estar aquí, siempre estás con eso de que quieres vivir en el campo... —dijo mientras sacaba de la nevera una botella de Árabe, un plato de uvas con queso Don Mariano, unos picos salados y un platito de jamón— Siento mucho mi actitud del otro día. Me puse celoso cuando vi que tu compañero de trabajo hablaba en clave contigo, no soy gilipollas, algo se cocía... No tengo derecho, lo sé, pero fui a invitarte a comer y te encontré llevando el desayuno a tu «enemigo número uno» la verdad... me superó —dijo mientras se dejaba caer en el sofá.

—Si me hubieras dejado hablar, quizá te lo habría podido explicar... pero no. Te gusta bloquearme cada vez que se te tuerce el cable... y luego aparecer así de repente a tu antojo... y lo peor de todo es que yo estoy aquí jugando a lo que a ti te da la gana en vez de mandarte a tomar por culo y seguir con mi vida. ¿Qué coño quieres de mí, Ian?

De repente se levantó del sofá y se puso a dar vueltas por el salón, se despeinaba y se peinaba el pelo, me miraba, se quedaba quieto y seguía caminando alrededor del sofá.

—No lo sé —dice por fin.

—Pues déjame tranquila, Ian. A mí me gustas y no quiero jugar a esto. Si quieres que seamos amigos, genial. Volvemos a nuestros mensajes de buenos días y ya está. Pero si quieres algo más, tendrás que dejar de hacer estas cosas porque no me gusta... no me siento bien cuando desapareces...

El silencio inundó las paredes de aquella casa, Ian me miró fijamente, se acercó al sofá y se sentó a mi lado.

—No te enamores de mí —me susurra al oído mientras mete una uva en mi boca.

Estoy sintiendo su respiración, sus manos siguen buscando en el plato, me está observando a apenas diez centímetros de mi boca, me entra la risa y le doy un empujón.

—¿Te crees Míster Grey? —bromeo.

—Ese es un aficionado... —me dice mientras se aparta de mí y se sienta en el sofá de enfrente en el que hace un minuto daba vueltas como un perturbado. Sacó su móvil, me miró avergonzado y torció la boca.

—Ya está usted desbloqueada... prometo no volverlo a hacer, lo siento.

—Gracias, es todo un detalle por su parte —le dije.

La botella de vino voló, la conversación empezó a ser amena, divertida, desenfadada, nuestras posturas corporales se tornaban naturales, livianas, cómodas, nuestros pies descalzos se encontraban haciendo un pulso de sofá a sofá y nuestras miradas se encontraban fijas en la retina del otro, intentando saciar esta sed de eso que se nos dio tan bien hacer, la primera vez que nos desnudamos con la mirada.

—Es hora de ir a recoger tu coche o de follarnos en mi habitación... tú eliges —propone Ian.

CAPÍTULO 22

Y antes de que mi conciencia pudiera darme un sermón me acerqué al filo de su boca y asalté.

Subimos las escaleras de dos en dos, mientras Ian trataba de desabrochar la hebilla de mi cinturón. Sus manos eran grandes y sus dedos torpes, me mordió el labio protestando por lo apretado que llevaba el pantalón, estaba poniéndolo difícil en contra de mi voluntad. De un tirón arrancó el último botón que quedaba y me bajó el vaquero a la altura de los tobillos. Mis manos se colaron por debajo de su camisa arañando su espalda, haciéndole pagar su torpeza. Su cuerpo se encogió y me miró con rabia.

Me había olvidado del color fuego que emitían sus ojos cuando follamos. Le empujé contra la barandilla de madera y le devolví el mordisco. Metí mi mano por debajo de su ropa interior apretando con fuerza su miembro erecto, erguido, victorioso... Ian se encogió y me estiró suavemente del pelo creando la curvatura perfecta entre mi cuello y su boca.

El resto de la ropa fue cayendo del pasillo hasta los pies de su cama. Me excitaba la mezcla del sudor de nuestros cuerpos con el resbalar de sus manos en mi columna vertebral que se mostraba firme ante el miembro penetrante, de su espada en mis nalgas, esperando el momento perfecto para hacerme suya y voltear mis ojos perdiendo el color de la luz tenue que dejaba a nuestras sombras follarse sin permiso.

—Lo mejor de las reconciliaciones es poder saborear tu coño hasta que olvides lo ocurrido —me susurró al oído mientras descendía por mi piel sin dejar de mirarme fijamente a los ojos.

El mero hecho de desafiarme con la mirada mientras bajaba hacia mi sexo, hacía estallar mi mente.

—¿Te he dicho que me encanta lamerte?

—No. —Tragué saliva y contesté.

Pasó suavemente su lengua por mis labios, desde el inicio de mi vagina hasta la cima de la montaña. Cada lamida llegaba con mayor lentitud mientras su mirada se volvía más intensa, tocó con suavidad mi vello púbico y empezó a jugar con mi botón. Ese que es mágico y enciende todos los sentidos cuando lo encuentras... Aquello hizo que mi corazón se agitara con fuerza, creo que me empezaron a temblar las piernas en el momento en que Ian agarró con fuerza mis rodillas separándolas bruscamente para dejar espacio entre mi vértice y su cabeza.

Sólo en ese momento dejó de retarme con la mirada y puso todos sus sentidos en mi entrepierna.

—No te corras —me advirtió—, quiero follarte lento, que nos corramos juntos.

No emití palabra alguna, pero deduje que estaba cerca, por el tirón de pelo que recibió.

Me besó la punta de la nariz mientras me penetraba suavemente, y jugaba con sus dedos en mi boca. Hubiese detenido el tiempo en ese mismo momento, pero el cuerpo es caprichoso y antes de que pudiera pedir clemencia llegamos a la meta al unísono.

Hundido en mi pecho, cerró los ojos. No sabía que tenía el hueco perfecto para él, hasta que lo sentí durmiendo entre mis senos a la altura de mi corazón.

Toda la casa olía a café.

Con su camiseta a modo de pijama, bajé tímida las escaleras y seguí el rastro del excitante olor a café recién hecho. Ian me recibió con un guiño de ojo y un beso en la frente.

—Roncas como un oso —me dijo.

Con los ojos como platos y las mejillas encendidas negué dicha información mientras le tiraba el cojín del sofá a sus espaldas. Se rió divertido simulando que se tropezaba por culpa de mi golpe a traición... diría que se había levantado de buen humor.

—¿Has dormido bien? —Extiendo mi mano y agarro fuerte la taza de café que me ofrece.

—Si nos olvidamos de tus ronquidos... Sí, bastante bien —contestó.

—¡Yo no ronco! —protesto.

—Como un oso —repite a la vez que se acerca y me da un empujón que me deja patas arriba en el sofá.

Entre cosquillas y mordiscos, nos envolvimos en un abrazo que podía dar vida al mejor final de cualquier película romántica. Y antes de que llegaran los créditos me despertó del letargo recordándome que era el momento de dejar la fantasía, vestirnos e irnos a casa. El momento de volver a la vida cotidiana, esa que no sabía cómo seguiría para nosotros, para mí, a partir de ese instante.

El camino de vuelta a la montaña se hizo corto, su mano posaba en mi pierna mientras la mía jugaba relajada entre su pelo. El paisaje nos regalaba colores de otoño, verdes, marrones y amarillos... Quería recordar eternamente esa postal en mi memoria, por si no volvía a repetirse o desaparecía de nuevo pasada la barriada de San Blas cuando me hubiese sentado en mi coche y lo viese alejarse de mí en su 4x4.

CAPÍTULO 23

Disfruté del beso de despedida ante los ojos de todos los feligreses que hacían cola para entrar en el santuario a la espera de adivinar el color del manto de la Virgen y que sus deseos se hicieran realidad. Ian abrió la puerta de mi coche y me invitó a entrar en él, burlón.

—Hablamos esta semana ¿organizamos algo para el finde? —me preguntó.

—¡Me encantaría! —contesté.

Con una cachetada y su sonrisa profident se despidió de mí, subió a su coche, me miró fijamente bajó sus gafas de sol y frunció el ceño mientras se alejaba de mí poniendo morritos...

«¡Es condenadamente sexy!»

Me fui a casa, cansada de haber dormido poco, pero llena de energía. Era la primera vez que sentía que todo había sido perfecto, y aunque la conversación no diera para saber si Ian quería algo más o no, era la primera vez que se despedía proponiendo un plan para el fin de semana siguiente, y eso hasta ahora, era más de lo que había pasado nunca. Preparé la bañera y encendí incienso, quería sumergirme un rato en agua caliente, la sensación de paz que me proporcionaba el olor a lavanda y la sensualidad de los pétalos de jazmín. Me hice un ovillo en la bañera, cerré los ojos, y sin darme cuenta empecé a invocar al séptimo de caballería que se hacía presente entre los vértices de mis piernas. El jabón resbalaba desdibujando las líneas de mi vientre encogido mientras me entretuve perfilando los pezones de mis montañas. Sabía que no había tregua para lo que se aproximaba, ni censura que frenara mis dedos, sabía que no habría un no por respuesta. En un acto reflejo entre la silueta de mis curvas y el claro del agua me perdí saboreando el recuerdo de la noche anterior, fantaseé con lo vivido hasta que pude rememorar sus manos en mi cuello, y sentir el olor a batalla que me traían sus ojos llenos de fuego y su boca que quedó sin aliento sobre mi omóplato. Me estremecía el gruñido a forma de protesta que se grabó consentido en mi memoria, cada vez que quería embestirme y no le dejaba hacerlo. Esa adrenalina que alteraba sus sentidos y me volvía aún más loca, haciendo multiplicar mis ganas de sentirme presa en esos brazos que se mostraban caprichosos de deseo. No había mejor guerra que la que imagino con él cada vez que aparece en mi memoria, no hay mejor final que el de mis dedos perdidos entre mis piernas derrochando vida, no habrá un mejor momento para saldar deudas con los cinco sentidos que el que me regalo a mí misma hecha un ovillo…

Son las 19:15 h Matías está a punto de llegar.

Después de comer preparé la casa y me puse al día con las cosas de la oficina, no sabía nada de Lucas, pero el señor Ramírez nos dio la enhorabuena a ambos desde su dirección de mail y me vi en la obligación de contestar a ambas direcciones dándole las gracias y alabando el trabajo que mi compañero de equipo hizo por y para el proyecto de la familia Fernández. No hubo respuesta por parte de Lucas, tenía la certeza de que nuestra nueva relación había llegado a su fin, no sé por qué… pero aquel pensamiento me entristecía. Llamaron al timbre. Salí corriendo a recibir a Matías, pero cuando abrí la puerta, había una chica de pelo moreno y ojos azules mirándome fijamente sin pestañear.

—Hola, ¿puedo ayudarte? —pregunté.
—Hola Paula —contestó tímida.
No tenía ni la menor idea de quién era esa chica, pero reconocía esa chirriante y penetrante voz.

—Me dejas pasar, ¿por favor? ¿O prefieres que hablemos en la escalera? —dijo mi hermano embuchado en una falda de cuero y con unas tetas de la talla 95 copa C.

Me eché a un lado y le dejé pasar. No conseguí pronunciar palabra alguna, aquel cabrón caminaba mejor que yo con los tacones. Cogí aire, cerré la puerta y le seguí hasta la sala de estar de mi apartamento.

—¿Matías? —Creo que esperaba que dijese que no cuando lo pregunté...

—No, Marina —contestó él, ella.

Hubo un silencio incómodo dando vueltas por mi sala de estar. Mi hermano miraba al suelo y se frotaba las manos sin cesar, de vez en cuando hacía girar el anillo que decoraba sus largas manos, la piedra de uno de ellos hacía juego con su manicura... empezó a dar saltitos nerviosos en el sofá.

—Joder Pau, di algo —suplicó.

—¿Quieres una copa? —dije a la vez que me levantaba hacia la nevera con la idea de beberme todo lo que subiera de los 10º y reposara en frío...

—Yo no bebo Paula, ya lo sabes —dijo.

—Bueno, yo... saber, saber... No sé mucho por lo que veo, aparte de que me encantan tus zapatos.

Serví dos copas de Martini blanco y volví a tomar asiento. Ninguno de los dos se atrevía a mirar fijamente al otro. El silencio era cada vez más cortante, los cristales se llenaban de un invisible aguacero, mi cerebro había entrado en coma profundo, el sofá parecía hielo. Había que zanjar el asunto antes de que mi hermano se arrepintiese de haber venido y mostrarse tan vulnerable.

—Es en serio... —afirmé.

—¿El qué? —preguntó.

—Que me encantan tus zapatos.

Solté la copa y abracé su cuerpo con fuerza, despidiéndome de Matías y dispuesta a conocer a la persona que ahora temblaba entre mis brazos.

Marina bebió su copa de un trago y se limpió la boca con asco, mostrando con aquel gesto su desagrado. Me reí al ver aquel gesto en mi hermano... Me recordó al último botellón que habíamos hecho juntos en la plaza Mayor el día de mi décimo octavo cumpleaños. Matías se había encargado de comprar las bebidas, él era cinco años mayor que yo, congregó a todos mis amigos enfrente del restaurante El Pato. Yo estaba de lo más emocionada, por fin era mayor de edad y mis padres me habían dejado volver a casa después de la hora del cuento de la Cenicienta. Aquella noche llevaba un vestido verde limón de tirantes cruzados en la espalda, iba tan apretada que si estornudaba creo que hubiese explotado... Quería impresionar a uno de los chicos del instituto Téllez que había llegado a Cáceres desde Tenerife hacía menos de dos meses. Matías se puso a colocar las bebidas, los vasos de plástico y las bolsas de hielo en la plaza y a repartir unas bandas de feliz cumpleaños a todos los invitados. Cuando César llegó, yo ya llevaba dos cubatas encima, salí a correr hacia donde él estaba y lancé todo mi vestido embuchado en aquel cuerpo de chico nuevo; creo que la imagen fue más rollo... «Collar de piedras pesadas sobre un cuello frágil que se dobló a la altura de las rodillas intentando sujetar un peso muerto».

Mi hermano vino a rescatar al pobre chico que observaba a su alrededor pidiendo ayuda con los ojos. César y Matías se conocieron esa misma noche, hubo feeling desde el primer momento, parecían hablar el mismo idioma, ambos estudiaban en el mismo instituto y se tenían vistos por los bares de alrededor... No se separaron en toda la puta noche, me quedé chafada bebiendo con aquel odioso vestido que apenas me dejaba respirar observando lo bien que mi hermano se llevaba con el chico que me quería cepillar. Ahora que lo pienso... ¿Sería una señal? No lo sé... pero... ahora entiendo ese cambio repentino en Mati, había estado bebiendo zumo de piña toda la noche, hasta que llegó Cesar y le pasó un cubata, mi hermano no lo rechazó, pero a cada trago que daba lo acompañaba un gesto como el que acababa de ver en mi sala de estar. A lo tonto, se bebió más de seis cubatas y terminé mi fiesta de cumpleaños en la parte de atrás de un taxi con Matías de vuelta a casa; en vez de en la parte trasera del coche de César sin mi asfixiante vestido verde limón.

—¿Marina, entonces? —dije con tono neutro.
—Sí —contestó erguida a la vez que colocaba su larga cabellera detrás de los hombros.
—Soy toda oídos —le dije.

Marina se acercó a mí, agarró mis manos y empezó a acariciarlas, era la primera vez que sentía a mi hermano tan cerca, tenía unas manos suaves y delicadas, olía a fresco, a flores y frutas, su perfume era delicioso. Le quedaba de vicio sobre la piel. No me podía mirar a los ojos, estaba nervioso, avergonzado, se notaba que no sabía por dónde empezar, y yo estaba tan bloqueada que no sabía cómo ayudarle. No quise decir nada por miedo a romper el momento, dejé que siguiera tomando aire, y controlando sus emociones, le devolví cada una de las caricias que me regaló y de repente, sin más, empezó a llorar.
—Quiero contártelo todo Paula, pero no sé por dónde empezar, son muchas cosas, muchos secretos durante todos estos años, joder... pensé que contigo a solas sería más fácil, pero estoy muerto de miedo —logró decir entre sollozos.
—¿Miedo de qué? Eh, venga ya. Si ya hemos pasado de todo, incluso el calabozo, jajaja ¿Te acuerdas Mati?
—Marina —rectificó.
—Perdón, Marina... necesito tiempo... para... bueno... para asimilarlo... lo siento.
¿De qué tienes miedo?
—De todo Pau, de que me rechaces, de que no me aceptes tal y como soy, de que no me entiendas, de que papá y mamá se avergüencen de mí, de salir a la calle, de ir al trabajo con mi DNI nuevo, y mis zapatos de tacón... Llevo muchos años atrapado en un cuerpo que no me corresponde, intentando ser un «tío duro» el que

más huevos tiene del barrio, el malo de la familia, y por dentro estaba rota, con ganas de gritar que eso que colgaba no era mío, y que me encantaba robarte los vestidos de verano. ¿No te acuerdas cuando te enfadabas pensando que mamá te tiraba los zapatos de tacón de aguja?

—Sí... —le contesté.

—¡Era yo! ¡Me encantaba ponerme tus zapatos! Pero como no sabía andar me cargaba siempre el tacón y los terminaba tirando a escondidas... Me perdonas ¿verdad, gorda?

—Claro...

No era momento para arrancarle la peluca. Respiré y viví el velatorio más corto, rápido e intenso del mundo recordando mis Manolos desaparecidos.

«¡Un minuto de silencio por mis zapatos negros divinos de suela roja!»

—¿Y por qué no lo hablaste con papá y mamá antes? —conseguí decir—. ¿Por qué no hablaste conmigo?

—No era fácil entender qué me estaba pasando Paula, me lo negué durante mucho tiempo... Pensaba que estaba loco, que no era normal sentirme así, me odié por ello, tenía la autoestima por los suelos, lo único que me evadía de la realidad era meterme en problemas, que los amigos alabaran mis gamberradas, y que nuestros padres no tuvieran tiempo de ni siquiera intuir lo que me estaba pasando. Creí que sería algo pasajero, que un día me levantaría orgulloso de mi masculinidad, ya sabes... como esos tíos que se desnudan frente al espejo y se miran orgullosos la polla, esos que se la chuparían a ellos mismos si pudieran...

Pero eso nunca pasó, y con el tiempo me aislé más del mundo y de vosotros. Cuando conocí a Saray y empecé a salir con ella me sentí muy bien, ella era muy risueña y me hacía sentir especial, nos llevábamos bastante bien y coincidíamos en muchas cosas, pero la cosa en el sexo nunca funcionó, yo sentía vergüenza de mostrar mi cuerpo desnudo, a ella le encantaba, nunca me hizo sentir mal, pero yo me acostaba con una mujer sintiendo que era otra igual a ella, el sexo oral y el jugar con su cuerpo y mis manos me enloquecían pero cuando llegaba el momento de utilizar mi pene, me bloqueaba... Saray tuvo mucha paciencia, pero era normal que terminara yéndose con otro, yo no podía satisfacer sus necesidades.

—¿Le contaste lo que te estaba pasando alguna vez? —pregunté.

—No, nunca le conté lo que me pasaba... preferí dejarla ir y no hacer demasiado ruido.

—Ha debido de ser horrible, lo siento mucho. —Le abracé tan fuerte que casi le arranco el pendiente de la oreja.

—¡Cuidado cabrona, que el agujero es mío! —Se rió.

—¿Y cómo te has atrevido a dar el paso? ¿Por qué ahora?

—Cuando me quedé solo en el piso, empecé a investigar sobre lo que me estaba pasando, hay un millón de foros, personas que están o han pasado por lo mismo que yo. Encontré gente con la que pude desahogarme. Incluso, un grupo de apoyo altruista, psicólogos que colaboran sin ánimo de lucro. Empecé a formar parte de una familia virtual brutal. Gente súper maja que me ayudó mucho y a la que estaré siempre agradecida. No todo el mundo es malo o va con intención de sacarte el higadillo ¿lo sabías? Empecé a seguir un par de cuentas en Instagram, y a un par de asociaciones. Hacían reuniones dos veces por semana, eran terapias informales, donde corría el café y los abrazos... Tardé bastante tiempo en atreverme a ir a una de ellas, pero un día me levanté con el valor suficiente para salir de mi escondite. Y en una de esas quedadas grupales donde podía hablar sin tapujos, di con él...

No sólo buscaba piso, sino que además había pasado por el mismo trance que yo, pero al revés...

—Paula, Juan nació con genitales femeninos, pero siempre fue un hombre.

Me levanté a por otro Martini, solo que esta vez Marina se movía divertida por toda la casa, tocando todo como si nunca hubiese estado dentro de ella. Creo que le gustaba la sensación de poder estar ahí vestida de mujer, y percibir la energía de cada objeto con su auténtica identidad.

Cogió un retrato de la familia y la observó con tristeza.

—Hay que hacerse una foto nueva —le dije— pero tú sin tacones cabrona, o me dejaras por los suelos.

Marina salió a correr y me abrazó. Nunca más volví a sentirla extraña.

Nos pusimos a hacer la cena, fue muy divertido ver a mi hermana cortar cebolla mientras movía el culo al ritmo de la canción «Sobreviviré» de Mónica Naranjo. Cuando llegó al estribillo las dos estábamos subidas al sofá gritando a pleno pulmón intentando no morir en el intento de seguir la letra con la misma intensidad.

Y al anochecer vuelvo a florecer. Lúbrica la ciudad... No hay en el mundo no, nadie más dura que yo oh, oh, oh, oh, oh, oh, oh, debo sobrevivir... mintiéndome...

—Gorda, en el próximo evento que organices, yo voy como corista y tu como cantante principal, ¿vale? —bromeó Marina mientras dejaba caer su peluca y desaparecía de sus ojos ese rastro de hermano que le quedaba.

Ahora, había que descubrir que contenían en su interior esos ojos cristalinos e ilusionados, expectantes por ser rellenados con un sinfín de experiencias nuevas. Se fue contenta con una única preocupación en su mente... ¿Cómo se lo tomarían nuestros padres? Faltaban un par de días para descubrirlo.

CAPÍTULO 24

—No me puedo creer que ahora tengas una hermana, es acojonante... Entonces, ¿todo ese «meterse en problemas» era una vía de escape? —pregunta Patricia mientras vacía la despensa de las chuches.
—Se ve que sí —le contesté.
—¡Alucino! Ha sido muy valiente, estoy contenta por él, digo, por ella... va a ser raro verle la primera vez, pero oye... si es feliz con su nueva identidad, pues yo también. ¡Venga va! ¿Cuándo me vas a contar lo de Ian? —dice Patri.
—Elisabeth debe estar a punto de llegar. Le dije que comíamos en mi casa, pero Marina se fue muy tarde anoche, y no he tenido tiempo de preparar nada —expliqué. —Cuando venga, nos vamos a picar algo al Hollie y allí os lo cuento todo... aguanta un poco.
Ambas sabíamos que tenía muchas cualidades, pero ser paciente ante una novedad no era una de ellas... Cuando Lisa llegó, tenía cara de pocos amigos, pero no se opuso al plan de ir a comer al Hollie.
—¿Nos vas a contar por qué tienes esa cara de rancia hoy? —Le suelta Patricia a bocajarro.
—Creo que Joaquín y yo tenemos una crisis existencial —dice.
—Una crisis existencial... ¿Y en qué consiste eso exactamente? —le pregunté.

Elisabeth se sentó en la silla con las piernas abiertas cómo quien va a montar a caballo y nos dijo:
—Pues que yo veo un problema que él dice que no existe, básicamente... —contesta toda pachorra.
—¿Y qué problema crees que tenéis? —insiste Patri.
—Éste.

Nuestra amiga estira la mano izquierda y de su cuarto dedo empezando por la derecha viste dos anillos enlazados entre sí. Uno de oro blanco y otro de oro con piedrecitas chiquititas, muy brillantes.

—¡¡No jodas!! —le grito mientras estiro su mano como si fuese blandiblú.

—¡Cállate joder que te va a escuchar hasta la vecina del tercero! —se avergüenza Lisa.

—¿Te ha pedido matrimonio? —pregunta incrédula Patri.

—Eso parece —contestó.

Patricia, como si tuviese un muelle en el culo, pega un salto de la silla y coge su bolso al vuelo.

—¡Vámonos, pero ya! Necesito todos los detalles...

Pedro lleva una bandeja repleta de cervezas de jarra en su mano derecha y con la otra, nos abre la puerta y me amenaza con la mirada. Hace mucho que no vengo a verlo, me va a caer una buena...

Hay una mesa al fondo de la sala con cinco chicos bien vestidos, dueños por lo que intuyo de las jarras que carga Pedro, las deja en la mesa y desde allí empieza a insultarme por la poca vergüenza que tenía por irme a desayunar a otro sitio por las mañanas.

Cuando se entere de que encima estoy de vacaciones me va a lanzar la bandeja a la cabeza.

Le guiño un ojo y me levanto a darle un beso en la mejilla.

—No me hagas la pelota bonita, contento me tienes... ¡contento!

—Venga, no te enfades, que te saldrán arrugas... y ya tienes bastante con ser feo —le digo.

—¡Encima me insulta! —protesta mientras vuelve a la barra.

«Adoro a este chico».

Patricia y yo estamos mirando a Elisabeth fijamente, expectantes. Sabe que no se va a poder librar de contarnos, para su desgracia, la pedida de mano del Sr. Ken.

—Bueno... ¿nos vas a contar ya cuándo y cómo te lo ha pedido, o te lo vamos a tener que sacar a golpetazos? —amenacé.

Lisa coge la funda de sus Dolce & Gabbana y las mete con parsimonia en el bolso mientras sopla a modo de desacuerdo...
—¿Por qué coño ha tenido que pedirme matrimonio? Es que no lo entiendo. Me parece una putada porque follamos bien, nos llevamos bien y nos reímos todo el día... No hay necesidad de joderlo todo con el compromiso. —Refunfuña.
—¡Eres lo menos romántica que he conocido nunca! ¿Puedes darnos detalles antes de que te calcines en las llamas de tu propia hoguera? —pide Patri.
—Vale, joder, es que aún estoy digiriendo el tema. Esto pasó el domingo al mediodía: Acabábamos de tener una maratón de sexo mañanero, llevaba en mi casa desde el viernes por la noche. Estaba un poco nervioso, lo achaqué al hecho de que el último cliente le costó un par de ceros más de lo que había previsto, y llevaba todo el fin de semana un poco ido, así que no le di demasiada importancia. No quiso salir y pedimos en el chino de la esquina comida para llevar. Bajé a recogerlo porque, aunque parezca mentira yo llevaba más ropa encima que él y cuando subí había bajado las cortinas y estaba toda la casa a oscuras. Por un momento creí que se había ido... Encendí la luz del pasillo y abrí la puerta del salón.
...

...
—¿Y? No nos dejes así cabrona, habla —le digo.
Elisabeth se tapa la cara y mueve la cabeza de un lado para el otro como la niña del exorcista...
—Es que cada vez que lo recuerdo me da vergüenza ajena —dice mientras el color de sus mejillas aumenta de color rosa a rojo fuego.

Toma aire, se acicala el pelo y sigue hablando.

—Había colocado un montón de velitas en el suelo y pétalos de rosas rojas que llegaban hasta mi habitación. Cogí aire y al abrir la puerta me encontré a Joaquín de rodillas en el suelo con una cajita en la mano... ¡Os juro que estuve a punto de cerrar la puerta y salir a correr! Pero me quedé helada, no podía moverme del sitio. Lo miré fijamente sin pronunciar palabra... Así que Joaquín se empezó a sentir incómodo y se levantó del suelo...

—No digas nada, es muy pronto, lo sé... pero nena me encantas, nunca me había sentido tan bien con otra persona. Eres lo mejor que me ha pasado en mucho tiempo, ya tenemos una edad, y bueno... para qué perder el tiempo.

No hace falta poner fecha ya, ni gritarlo a los cuatro vientos, es un compromiso tuyo y mío, lo vamos organizando poco a poco, sin estrés... Elisabeth Pérez, ¿Quieres casarte conmigo?

...

...

...

...

...

Lisa vuelve a quedarse muda, pero esta vez reacciona antes porque Patricia le acaba de pegar con la mano abierta un mamporro en la cabeza y por poco se come la tapita de calamares de un solo bocado.

—¡Hostia! ¿Estás tonta? Vaya guantazo que me has pegado ¡joder! —protesta.

—Tonta te vas a quedar tú como sigas poniéndome de los nervios con tus pausas y tus silencios a lo tía interesante. —Amenaza nuestra angelical amiga.

La mesa de los cinco chicos se percata del guantazo y se empiezan a reír. Uno de ellos está moviendo las manos, como si no estuviera de acuerdo con el gesto de Patri. Otro, me mira fijamente y niega con la cabeza regalándome una sonrisa de complicidad. «No me importaría estar en la mesa de al lado», pensé. Y otro grita desde su mesa

—Niña, ¿estás bien? —preguntó con un acento andaluz de lo más divertido.

—Sí, sí, tranquilo... en el fondo son inofensivas —le contesta Lisa.

El chico de la risa cómplice me mira, y sonríe de nuevo. Siento un calambre repentino en la boca del estómago y le quito la mirada antes de que se note que me están poniendo nerviosa esos ojos penetrantes.

—Por favor amiga ¿puedes seguir contando? —le suplico, tratando de desviar la atención de la sonrisa del chico que tenía enfrente.

—Vale, continúo pero que sepáis que estoy a punto de esconder el anillo de pedida —dice Lisa.

Rompimos a reír a carcajadas, algo que llamó aún más la atención de los cinco chicos que con todo el descaro acababan de pedirle a Pedro ocho cervezas y se sentaban con nosotras con toda la confianza del mundo.

«Adiós a la tarde de chicas...»

Después de dos rondas de cervezas, parecíamos todos amigos de la infancia. Supimos que los chicos estaban allí de despedida de soltero. Que el novio era el mismo que me sonreía divertido desde la otra mesa, solo que desde que se sentó con nosotras y sus amigos dijeran que era el afortunado que se iba a casar... no había vuelto a mirarme con los mismos ojos. Como era de esperar, Lisa no seguía contando nada de su pedida de mano con Ken. Las tres estábamos inmersas en aquel sarao...

—Estás en tu salsa, xoxo —bromea Pedro mientras me quita la cerveza de la mano—

Siento ser aguafiestas, pero me preguntan por ti...

—¿Por mí? —le pregunto incrédula.

—Tú te sigues llamando Paula, ¿no? El chico de la camisa azul, en la barra... —Señala con la cabeza.

Reconocería aquella espalda a cientos de kilómetros y a media luz. Me levanté de la mesa y fui directa a él, tapé sus ojos con mis manos y me deleité con el olor de su pelo. Ian agarró mis manos y las bajó hasta sus piernas, giró su cabeza y me dio un beso en la nariz.

Mis amigas y mis recién adquiridos amigos de Arcos de la Frontera están haciéndome la ola y aplaudiendo desde la otra punta del bar.

—¡Qué sorpresa! —le digo con la misma sonrisa que hacía apenas un momento le dedicaba al afortunado casamentero.

—¿Siempre eres tan simpática con los desconocidos? —me preguntó.

—Sí —afirmé revoltosa.

El pellizco que me propinó Ian me hizo dar un saltito, que apenas fue visible para nadie en aquel bar, pero quedaría latente en mi trasero durante un buen rato.

—¿Te puedo raptar lo que queda de día? —dice mientras me sonríe travieso por su picotazo.

—No —le contesté.

—¿No?

—No. Me voy por voluntad propia, así que no es un rapto, lo siento...

Fui a la mesa a despedirme de las chicas. Por suerte, estaban divirtiéndose mucho con aquellos nuevos amigos y no tuve que prometer que les compensaría por el hecho de haberlas dejado tiradas antes de hora...

—Viene muy pronto a recogerte —dijo Patri— En el mensaje dijo que vendría a buscarte a las 18:00 h —protestó.

CAPÍTULO 25

El final de mis vacaciones estaba llegando a su fin y antes de que esto pasase, Ian quería enseñarme una cafetería biblioteca que acababan de abrir en Mérida. Solo hacía dos días que no nos veíamos, pero habíamos estado hablando a todas horas. Las etiquetas aún no habían llegado a nuestra «relación» pero para mí, Ian era la única persona que estaba en mi vida y en mi cama, para mí, él era mi pareja. Estaba empezando a acostumbrarme a tenerlo cerca, a que las conversaciones se hiciesen eternas y, sobre todo, a que no desapareciese de mi vida.

Observo como la carretera que nos lleva hacia Mérida es verde. Verde de campo fresco, verde como parte del arcoíris que envuelve el cielo después de la tormenta, verde como la arboleda que cruzamos pasado Aljucén, verde color esperanza, que era lo que resonaba fuerte en mi interior desde que Ian no me sacaba de su vida.

Voy tocándole la cabeza mientras conduce, me encanta que su olor quede impregnado entre mis dedos. Recorro su nuca, escondo mi mano entre su cabellera y estiro suavemente. Me relaja y sé a ciencia cierta que a él le encanta, lo sé, porque hace presión con su cabeza y aprieta mis dedos con fuerza... A veces tengo la sensación de que va a cerrar los ojos y dejo de acariciarle, pero no por mucho tiempo... porque al observar que no estoy usando mis manos para nada importante vuelve a llevar mi mano izquierda hacia su cabeza.

—Estás muy pensativa, gominola.

—Simplemente estoy disfrutando del camino... ¿No llegaremos muy tarde a la cafetería? Siempre dices que te da pereza conducir de noche...

—¿Tienes prisa? —me pregunta.

—No —le conteste.

—Pues sigue disfrutando del viaje...

—¿Eso incluye tocarte el pelo? —pregunté.

—Sí, estaba detallado al final del contrato, en la letra pequeña, ya sabes... esa que nadie lee.

—Ah... creo que no me ha dado usted el contrato —aclaro.

—Uy, qué mal, pues nos hemos saltado el protocolo, señorita Paula.

—Ya veo...

Mérida es preciosa, me encanta pasear por sus calles y encontrar ruinas romanas en cualquier rincón. Disfrutar de sus museos, perderme en el Anfiteatro y deleitarme con su gastronomía. Ian había sabido de la cafetería biblioteca gracias a un cliente que era de allí, hacía tiempo que me había hablado de la magia que envolvía el lugar, incluso antes de conocernos en persona. Así que paseaba a su lado por Plaza de España en busca de un buen libro, y un buen café con una sonrisa kilométrica y muchísima ilusión. La cafetería tenía un gran portón de madera que al atravesar daba paso a un jardín interior con seis columnas romanas y una fuente con forma de glorieta.

Al fondo del tragaluz, se encontraba la puerta que daba acceso a la cafetería. Creo que me quedé clavada en la entrada más de cinco minutos, no podía dejar de mirar su interior, estaba fascinada deleitándome con sus infinitas estanterías de madera, sus grandes lámparas de mimbre que colgaban de cuerdas rústicas y la cantidad de libros de todos los colores y tamaños que había.

Aquel conjunto de belleza cultural tenía un olor especial... Olor a historia, a fantasía, a romanticismo, a muerte, a sexo... Había tantos olores juntos, que había olvidado por completo que estaba obstruyendo el paso y el camarero tuvo que invitarme al interior de la sala para poder pasar.

—Creo que voy a grabar esa imagen en mi memoria.

Me encanta verte así, me recuerda a la primera sonrisa que me regalaste en el bar... me quedé eclipsado, no quería dejar de hacerte sonreír por no perdérmela.

Y ahora te brillan tanto los ojos, que creo que me voy a poner celoso, si no dejas de mirar las estanterías así —dijo Ian.

Lo abracé fuertemente, estaba maravillada y agradecida por estar allí, juro que no había visto nada tan bonito y mágico en mi vida.

—¡Es precioso Ian! ¡Gracias por compartirlo conmigo! ¡Me quiero quedar a vivir aquí! ¿Puedo?

—Ummm... no creo que al dueño de la cafetería le haga demasiada gracia encontrarte aquí desnuda mañana —me contestó.

—¿Desnuda?

—No creerás que te vas a librar ¿verdad? Tienes que pagar la carrera —dijo.

Con gran presteza mis dedos le devolvieron el pellizco que recibí de los suyos dejando huella en mi culo dentro del Hollie con anterioridad.

—¡Vengativa! —protestó.

«Sonreí victoriosa».

Ian se subió a las escaleras de madera que daban acceso a tres estanterías que había desde la altura de su cadera hasta unos centímetros antes de tocar el techo. Los libros estaban colocados de cualquier modo, el camarero nos explicó que muchos de los libros habían sido donados por los mismos clientes. Al principio eran libros que olvidaba algún turista que pasaba por allí, muchas veces la mujer del dueño pasaba la tarde leyendo en la cafetería y los dejaba apoyados en la barra para seguir con su lectura la próxima vez que volviese. Sin la mínima intención de poner la cafetería o la lectura de moda, pasó a tener un gran número de clientes allí sentados con sus propios libros. Algunos de ellos los colocaban en la única estantería que tenía el bar por ese entonces para que otros clientes también pudiesen leerlos. Y así, sin querer, fueron necesitando más estanterías. Hasta el día que el dueño de la cafetería empezó a hacer su propia colección y se obsesionó yendo de mercadillo en mercadillo adquiriendo todos los libros que encontraba a su paso, o en la casa de sus familiares y amigos. En menos de cinco años la cafetería biblioteca Merlí se había convertido en un lugar emblemático y de visita obligatoria. Recibía libros de cualquier lugar, dentro y fuera del país, como obsequio de los cientos de clientes que por allí pasaban con el fin de formar parte de la historia y la magia de aquel lugar.

Ian cogió un libro de la estantería, en su portada había una especie de corazón que se abría en el medio tras romper unas cadenas y del que salían flores y una nube estelar... Se titulaba "Las noches de Pandora" era un libro de poemas de una tal Izaskun Franco.
—¿Has leído alguna vez algo de esta escritora? —le pregunté.
—La verdad es que no, me ha gustado la portada del libro.
Ojeamos el poemario juntos, parándonos a leer aquellas poesías que llamaban nuestra atención. Ian me lo quitó de las manos y lo abrió al azar, me miró y empezó a recitar:

POR HABLAR DE TI

Si es cuestión de excusas te diré que aún no tengo claro cuál es tu plato favorito. Que me haces dudar entre el vino o la cerveza con esas jarras heladas que te gusta meter en el congelador. Por tener más de un motivo te diré, que dos viajes no bastan, y mil fotos son insuficientes... Por si tuviera que convencerte, te recordaré que aún no has superado tu miedo a bailar en público y yo no he conseguido cantar con nadie que no seas tú.
Por guardar algún "As" en la manga, confesaré... que nadie me besa como tú lo haces y que nadie te toca como yo lo sé hacer. Si es cuestión de números y fechas, podría decirte que nadie tiene la fórmula perfecta para que las cosas salgan bien, y que infinito me parece poco si le sigues sumando uno, o "ganas". Que al final la vida es demasiada corta para seguir pensando en lo que está bien o

mal, y los demás no viven tu vida, ni pretendo que vivan la mía. Si es cuestión de excusas, sabes bien... que me sobran los motivos para seguir amándote y que te faltan latidos bajo la coraza, de esos que a ti te gustan, de esos que a mí me sobran, de esos que llevan letras de canciones bajo el manto de estrellas que descubrí en el ático de tu casa, un día de mucha sed.

Y si aún así te parece que son pocos los motivos por los que seguir peleando conmigo en esta vida, ven a decírmelo al oído y te convenceré...

Nos miramos fijamente y le besé. Me puse en la piel de la autora de aquel poema y sentí pena por ella... Estaba segura que ni en sus mejores sueños, iban a sonar sus letras tan tremendamente bien como en los labios de Ian.

—¿Seguro que no lo has escrito tú? —le dije.

—No. Pero podría haberlo hecho... —Bromeó mientras sacudía su hombro mostrando superioridad y vacilación.

—Me ha gustado mucho —confirmé.

—A mí también —contestó.

CAPÍTULO 26

El teléfono de Ian interrumpió aquel momento. Se levantó y salió de la cafetería, me quedé ojeando aquel libro que parecía hablar de mí, de nosotros. Pasada la decimonovena página empecé a ponerme nerviosa. Ian entró firme y serio al local.

—¿Va todo bien? —pregunté.

—¿Nos vamos? —dijo sin más.

—Sí claro, cuando quieras, pero... ¿Estás bien?

No hubo respuesta.

Caminaba a paso ligero por las callejuelas de Mérida con una familiaridad que desconocía. Estaba claro que no era la primera vez que andaba por allí, estaba alterado y molesto, pero no había dicho nada desde que salió de Merlí. Tras girar tres calles y una plaza me paré en seco y le agarré de la chaqueta frenando su paso con brusquedad.

—¡Ian! ¿Qué pasa?

—Paula no te enfades... por favor, prométeme que no te vas a enfadar cuando te lo diga.

—No puedo prometerte algo así Ian, pero puedo intentar entender lo que sea que te esté pasando... ¿te sirve?

—Creo que no tengo otra opción —contestó—. Marta es de aquí y nos ha visto en la cafetería, en realidad fue ella quien me enseñó este lugar y no un cliente. Prometí no ir allí con ninguna chica que no fuera ella, ya sabes... esas chorradas que se dicen cuando las cosas van bien... Nos ha visto juntos, se ha dado cuenta de que eres la misma que me paró en mitad de Gómez Becerra un domingo cuando paseábamos de la mano, ha atado cabos y se ha enfadado conmigo.

—¿Siempre eres tan gilipollas? —le solté—. Quiero irme a casa.

Empecé a caminar hacia el parking a toda castaña, ahora era yo la que no quería saber nada más de él, no sabía cómo se las apañaba, pero siempre conseguía joderlo todo, estaba cansada de sus historias y su retorcida vida.

Ian me agarró del bolso y tiró fuertemente hacia él.

—Paula, he roto una promesa que en su día fue de verdad pero que hoy, no tiene sentido. ¿No ibas a intentar entenderme? ¿Tú nunca hiciste una promesa a alguien y luego cambiaste de opinión? No es para tanto, joder...

—No estoy enfadada por eso, es que eres imbécil —dije.

—¿Puedes dejar de insultarme por favor? Si no estás enfadada por eso, entonces ¿por qué es? —preguntó.

—¿Qué pasó con ella? ¿La echaste de tu casa sin más? ¿Le dijiste quién era yo? ¿Sabe que estamos juntos? Di, contesta...

—Se fue y ya está, no tenía que darle explicaciones porque hacía mucho tiempo que era mi ex. Lo que yo haga con mi vida es cosa mía —contestó Ian.

—O sea... que no sabe nada de nosotros y de lo que compartimos cuando ella aún se metía en tu cama... muy bien... Lo dicho, eres imbécil. ¿Me puedes llevar a casa ahora? —sentencié.

Estoy de brazos cruzados mirando a Ian fijamente. Tiene los ojos entreabiertos, está agarrando mis codos y meneándome hacia atrás y hacia adelante con suavidad. Como si el compás del vaivén fuese a calmar mi enfado.

—Paula, se fue. Estoy solo contigo, no vi necesario decirle que la chica que nos interrumpió el paseo eras tú. Fue por evitar problemas, Marta es muy buena persona, pero tiene muy mal genio, intenté evitar un conflicto entre vosotras. Lo siento, lo hice mal, me equivoqué, y estuve tiempo sin saber nada de ti. Aprendí la lección, me perdonaste y aquí estamos. Por favor, no lo estropeemos de nuevo. Me gustas mucho.

CAPÍTULO 27

«¡Le gusto! ¡Le gusto mucho!»
Aquellas palabras resonaban en mi mente de camino a Cáceres. Era la primera vez que Ian lo expresaba abiertamente, la primera vez que sentí que tenía miedo a perderme, miedo a que se acabara lo nuestro.

Fuimos directos a mi casa, sin ganas de comer nada que no fuese a nosotros mismos. Hacía días que no sentía el fuego de su pecho ardiendo sobre el mío. El mejor de los polvos es aquel que empieza rabioso, y el nuestro empezaba con toda la intensidad que habíamos vivido un par de horas antes tras aquella llamada en aquella cafetería biblioteca. No recuerdo si nos quitamos la ropa o nos arrancamos la piel, pero cuando me di cuenta estábamos totalmente desnudos apoyados en la mesa del comedor.
Me miraba tan fijamente que aún conseguía ruborizarme.
Sujetó mis tobillos con fuerza, alzó mis piernas y arrastró mis nalgas por la mesa, llevándome al borde y golpeando su ombligo con mi vértice.
—¡Au! —protesté.
—Sacas mi lado más salvaje, no sé cómo te las apañas —dijo Ian.
Empezó a rozar su miembro por la calle principal de mi entrepierna, asomándose con delicadeza a mi interior, giraba su virilidad suavemente como si se tratase de un tornillo que intentaba encajar en su tuerca lentamente. Su pene estaba tan erecto que no necesitaba llevarlo hacia mí con su mano, éste se sabía el camino directo a casa. Sentí como mi interior empezaba a humedecerse, como los músculos de mis glúteos se tensaban y mi cuerpo pedía

silenciosamente que fuese invadido. No había poro de mi piel que no lo desease. El sexo se hizo rogar, estaba disfrutando de la torpeza de mi vientre, que se encogía cada vez que me rozaba su calor. Ian soltó mis tobillos y me abrazó con fuerza contra su pecho, estiró mi cintura hacia él y me llenó mientras me besaba dulcemente, descolocando mis sentidos que trataban de descifrar aquel momento como algo nuevo en mi interior, su suave vaivén hacia el momento mágico y apetecible. Apoyó su nariz en la mía, cerró los ojos y aumentó la intensidad de sus embestidas hasta que sus labios enganchados a los míos apretaron con fuerza en el mismo momento en el que se desplomaba sobre mí.

Me sorprendí haciendo el amor por primera vez con Ian.

A las diez de la noche y enroscados en mi cama como si fuésemos cuerdas intentando formar un nudo marinero, fantaseábamos acerca de nuestra vida cuando fuésemos abuelitos...
—¿Me pregunto por qué le llaman la tercera edad? —dijo Ian con la mirada perdida en las estrellas fluorescentes que estaban pegadas en el techo de mi habitación.
—No lo sé, creo que es porque la vida tiene tres fases, la infancia, la madurez y la vejez... de ahí que lo denominen la tercera edad, supongo.
—Entonces, usted señorita no tuvo adolescencia, ¿verdad? ¿Debe ser por eso que está tan cachonda siempre? —dijo mientras se escondía bajo las sábanas y recorría con los labios cerrados mi pecho, regalándome todos los besos que le salían de su boca. No podía verlo, pero notaba su respiración lenta bajando por mi ombligo, intuí la dirección que tornaba aquellos labios. Tapada con mi edredón estiré mi cuello y abrí mis piernas, curvando mi torso y endureciendo mis glúteos. Creo que me estaba regalando en bandeja, al menos así imaginaba que lo percibiría él. Sí... definitivamente, hablábamos el mismo idioma, abrió su boca y absorbió mis labios, nunca me había alegrado tanto de estar depilada, me sentía suave, dulce y apetecible. Desvió su boca hacía

mi vientre e hizo un amago de querer respirar al exterior de las sábanas, pero en un acto reflejo mis manos frenaron en seco su huida e introducía su cabeza de nuevo en el botón de mi alegría. Estaba dispuesta a obligarle con todas mis fuerzas si hacía falta. Salieron risas del interior, y un pequeño murmullo, creo incluso que me insultó divertido, pero remató la «faena» y jugó con mi clítoris hasta que las contracciones de mi vagina eran tan intensas que le rogué que volviera a follarme, esta vez, sin tanto amor.

—¿Dónde los guardas? —preguntó.

Supe enseguida que se refería a mi arsenal de perversión, pero me hice la distraída observando con mucho esmero el perfil de su cuerpo desnudo desde la cama.

—No te hagas la tonta, dime, señorita... ¿Dónde tienes guardados tus juguetes? —preguntó de nuevo.

Salí de la cama dirección a mi ropero y saqué mi "cajita del deseo" y se la entregué.

Sus ojos chispeantes y su sonrisa retorcida hicieron que tragase saliva antes incluso de empezar.

Cogió el pequeño succionador de clítoris que tenía en la caja con forma de pingüino. He de reconocer que se veía un poco ridículo en manos de Ian. Separó mis piernas e introdujo uno de sus dedos en mí, lo sacó con fuerza y se lo metió en la boca.

—Cuando llegues, me avisas... me ha entrado mucha sed de repente...

Colocó el aparato en mi clítoris y lo puso a funcionar, su dedo entraba y salía de mí lentamente. Primero uno, luego dos, hasta tres y cuatro dedos que empezaban a adentrarse con fuerza, presionando con las yemas la parte más rugosa de mi vagina. Sus ojos clavados en mis labios se volvían cada vez más y más grandes.

—Para Ian, no puedo más —rogué.

El succionador vibraba a la máxima potencia, sus dedos volaban dentro de mí, el caudal de mi entrepierna se extendía y caía por el hueco de mis nalgas, Ian fijaba su mirada en la mía y me rogaba que le diera de beber. La excitación era insoportable, perdí el control, mi corazón iba tan rápido que temía que me diera un infarto, apreté los dedos de mis pies contra las sábanas y grité. Todo lo demás se perdió por la garganta de Ian que tragaba mi propia victoria, satisfecho.

¡Ummm! Olor a café.

No hay nada que me guste más que eso. Bueno sí que había algo que me gustaba más que el café, pero se había escapado de mi cama cuando desvanecí de placer y estaba canturreando bastante mal la canción «*Can't Stop*» de los Red Hot Chili Peppers desde mi cocina.

—¿Me has abandonado? —le pregunté.

—Alguien tenía que hacer café. Le recuerdo que hoy tiene una cena muy especial, no querrás llegar con cara de no haber dormido —replicó.

—Ufff, necesito una ducha —contesté.

Y como alma que lleva el diablo, soltó la taza de café y me siguió divertido.

CAPÍTULO 28

Ian se había ido hacía unas horas, cuando recibí la llamada de Marina, estaba tan nerviosa que apenas conseguí entender lo que me estaba balbuceando. Hoy teníamos la cena en casa de nuestros padres. Era sin duda el día más importante y a la vez más difícil de su vida.

La invité a comer, con el fin de relajarla un poco antes de la reunión familiar, pero en realidad era yo quien necesitaba verla, estaba igual de nerviosa que ella. Estaba preocupada por la reacción de ellos y la afectación que esto traería a mi hermana que, con toda la valentía que yo no había tenido nunca, se enfrentaría a ellos mostrándoles su verdadera identidad, su esencia, su magia.

Marina estaba a punto de llegar y yo estaba hecha un manojo nervios.

Dos copas de vino, dos, y parecía que íbamos bailando La Lambada por la Plaza de Toros camino a la casa de nuestros padres. Marina llegaba a mi casa embuchada en un vestido de manga francesa y cuello mao de color ocre. En su sonrisa bailaba la duda de si había elegido el vestido correcto. Creo que mis ojos hablaron por mí, porque salió corriendo hacia el cuarto de baño sin saludar y se encerró en él, acongojada. Para mi opinión, era demasiada «hostia de realidad» para el primer contacto como hija.

—¿Marina, estás bien? —pregunté apoyada en el marco de la puerta del cuarto de baño.

—Tengo ganas de vomitar —contestó de capa caída.

—Te entiendo, yo también estoy nerviosa, ¿puedes abrirme la puerta por favor? Quiero estar ahí contigo... —Le pedí.

—Me he pasado con el vestido y la peluca, ¿verdad?

—En realidad, estás preciosa cariño, ese vestido te queda de muerte, solo se te ha corrido un poco el rímel... Ven...

Marina me observa sentada en el suelo abrazada al bidé con la ceja arqueada y cara de saber que no estoy siendo del todo sincera con ella.

—Venga xoxo, que te conozco... y ahora viene un, pero... —dijo.

«¡Es lista la Japuta!»

—A ver... estás preciosa, pero... quizás, como primera vez y con todo lo que les vas a contar hoy a nuestros padres, el vestido es un poco excesivo... creo. Pero si tú quieres ir así, yo te apoyo —concreté.

Marina se levantó del suelo y se quitó la peluca con resignación.

—¿Puedes dejarme unos vaqueros y una camisa? —dijo mientras sacaba un disco de algodón y empapaba sus miedos en él, para desmaquillar su falsa valentía.

Entré en el cuarto y cogí la ropa, el cajón de la ropa interior estaba abierto, en el interior reposaba la cajita con la que me había estado divirtiendo antes. Al cerrarlo me encontré un papelito doblado, no recordaba que hubiese guardado ningún papel ahí. Lo abrí, era una nota de Ian: Ya te estoy echando de menos.

Acababa de tatuarme una gran sonrisa en la cara, salí de allí con ganas de comerme el mundo con mi hermana.

Lo coloqué en la nevera junto al imán de las vacaciones con las chicas. Mientras Marina se cambiaba de ropa, serví dos copas de vino y preparé la mesa.

—No tardes, ya he servido el vino, nena —le dije.

Mi hermana salía del baño con media sonrisa y los ojos llorosos, estaba esperando mi aceptación. Cogí la copa y la abracé.

—Todo va a salir bien, cariño —le dije.

Deseando con todas mis fuerzas que lo que acababa de decir, se hiciese realidad.

El trayecto se hizo interminable, parecía como si la calle se alargase cada vez que dábamos diez pasos. Marina llevaba unos mocasines negros, mis vaqueros y una camisa básica. Había recogido su pelo en una coleta y cambio sus aros del tamaño del arco del triunfo por dos perlitas que me regaló mamá un año por navidad. A la altura del portal 19 me agarra de la mano con fuerza y me mira.

—No puedo Paula, de verdad, no puedo. Sube tú, yo me voy a casa —dice Marina mientras retrocede lentamente.

—¡De eso nada! Vamos a subir juntas, y vamos a subir ahora.

Apreté su mano y subí el escalón que separaba la acera del portal de nuestros padres. Alguien abrió la puerta y encendió la luz del rellano. En lo que tardó la vecina en salir y yo entrar, Marina corría calle abajo.

—¡Marina espera!

Salí a correr tras de ella, la cabrona era ágil, por más que intentaba acelerar mi paso era incapaz de alcanzarla.

—¡Espera joder! —Le grité.

Giró la esquina y dejé de verla. Saqué el móvil del bolso y llamé a mis padres, tenía que inventarme cualquier excusa, ganar tiempo, retroceder en el tiempo y no soltarle la mano a mi hermana ni un solo momento. ¡Joder! Me sentía impotente, nerviosa, llena de miedo.

Quería gritar, subir a la casa de mis padres y contarles que Matías era insoportable, pero que tenía una hermana maravillosa de la que me estaba enamorando día a día, que le quedaban de muerte mis pantalones y los putos zapatos de tacón... Que se reía con toda el alma, que cada vez que me abrazaba crecían las flores, que tenía un corazón tan grande que el sujetador le quedaba pequeño.

No era a mí a quien le tocaba contarles que mi hermana era valiente, atrevida, decidida y a la vez tan vulnerable... Empecé a llorar, sentí que me ardía el cuerpo, solo quería encontrar a Marina y abrazarla de nuevo. La llamé, pero el teléfono estaba apagado. Le dejé un WhatsApp recordándole que me tenía a mí y que la quería mucho. Me disculpé delante de mis padres contándoles que Matías estaba muy resfriado y lo había dejado en su casa. Mamá me miró con misterio, mi padre me pidió que le enseñase a colgar un anuncio en internet. La sopa estaba insípida y en la televisión no echaban nada que me ayudase a olvidar que Marina estaba rota en algún lugar y yo seguía sentada allí. Quería irme a casa, pero mamá sacaba de la cocina el postre y papá se hacía el remolón para no tener que hacer el café.

"Se vende esterilla para hacer yoga".

Otro hobby de mi padre que se acaba.

CAPÍTULO 29

¡Adiós a mis mini vacaciones! Volvía a la oficina con la sensación de no haber aprovechado mis días. En realidad, era un síntoma de depresión postvacacional típico y común, había hecho más de lo que había imaginado. Marina no respondió a mi WhatsApp. El grupo de las chicas estaba que echaba humo, había muchas novedades y proponían adelantar el San Viernes al día de mañana.

Ian estaba al tanto de la cena con mis padres. No me apetecía hablar con él por mensajería por lo que habíamos estado hablando por teléfono de camino a casa. Se ofreció a hacerme compañía y darme aquel abrazo que tanto necesitaba, pero tenía la esperanza de encontrar a mi hermana en el portal, por lo que le dije que mejor lo dejábamos para otro día.

Estaba en babia cuando Miss Cunnilingus entró sin permiso a mi despacho y rompió mi calma.

—Buenos días, Paula. ¿Qué tal tus vacaciones? —me pregunta mientras juega a darle toquecitos a la carpeta que lleva en la mano, y muestra un pedazo de pedrusco enorme color rosa claro.

—¡Muy bien, gracias! ¿Necesitas algo? —Atajo de un golpazo.

—No, solo quería darte la bienvenida y bueno... Ahora vamos a vernos mucho, porque mi padrino me ha pedido que colabore en la oficina. ¿Qué te parece? Ahora puedo acompañaros a la próxima comida de negocios que hagáis Lucas y tú en el Atrio —me dice mientras se toca el anillo y me separa la cabeza en dos con su mirada láser.

—¡Enhorabuena! Entonces soy yo quien tiene que darte la bienvenida a ti, felicidades... Y ahora, si no tienes nada más que decir, me gustaría ponerme al día. Tengo mucho trabajo pendiente —le digo a «Miss me estás tocando los cojones» con ironía mientras le invito a salir de mi despacho con un movimiento rápido de mi mano. Abro la bandeja de entrada del correo electrónico y tengo más de setenta mails. Echo un vistazo rápido al asunto de cada uno de ellos para seleccionar primero los de máxima importancia. Entre ellos hay uno de mi Ojitos Saltones que dice que me echa de menos, otro del señor Ramírez, y varios mails de Lucas. Obviamente, estos son los primeros que leo, no me pregunten por qué.

De: Lucasotxarkoaga@riceevents.es
Para: Paula

Aprovecho que estoy solo toda la mañana para preguntarte cómo estás. ¿Es normal que esté pensando en ti en mis vacaciones? Siento mucho que nuestra celebración no acabara bien, pienso muchas veces en que habría pasado si nos hubiésemos terminado el vino.
P.D. Sentí como te temblaba la mano cuando te la rocé.
P.P.D. ¿Son imaginaciones mías?
No contestes a este mail.

Besos, Lucas

(Siguiente mail)

De: Lucasotxarkoaga@riceevents.es
Para: Paula

Hoy estoy especialmente aburrido y me he puesto a recordar la primera vez que competíamos por un proyecto en el Rice. Creo que hice trampas y engordé un poco los números para que me lo asignaran a mí... Estas especialmente sexy cuando te enfadas. ¿Por qué estaré pensando eso ahora?
P.D. Disfruta de tus días, yo he de confesar que tengo ganas de volver...
P.P.D. Aunque me haga ilusión... por favor no contestes.
Besos, Lucas.

Creo que estoy del color de la alfombra que usan para los premios Goya. Había dos mails más, pero no estaba segura de si quería leerlos allí o prefería hacerlo en casa. Sí aumentaba el color de mis mejillas un grado más iba a poner en marcha el sistema de aspersor contra incendios involuntariamente. Necesito un café.
Aprovecharé para distraerme con la compañía de Felipe, con la excusa de que en su mail ponía que me echaba de menos. La última vez que estuvimos juntos en el comedor de personal la tensión podía cortarse a cuchillo. Quizá si le pongo al día de mi semana salvaje se olvide de que el último día que fui a la oficina mi enemigo número uno y yo ya no éramos tan enemigos.
—¿Se puede? —dije golpeando la puerta del despacho de Ojitos Saltones.
—¡Hombre! Señorita «estoy muy ocupada en mis vacaciones como para contestarte a tan efímero mail» —dice mientras se levanta de la silla y me sonríe.
—Yo también te he echado de menos Don Gruñón... —dije.
—Ya, ya... zalamera.
—¡Que sí, de verdad! Mira, te invito a un café y te cuento todo lo que te he echado de menos... ¿Quieres?

—Venga, va… pero solo, porque no he tomado café hoy, no porque tenga ganas de tu compañía. —Se ríe por lo bajini y me agarra de la hebilla del cinturón.

«¡Ay! Si Felipe no estuviera casado», pensé.

El café ha estado bien, al menos mejor que el anterior. Felipe y Emma están pensando en ser padres, no sé por qué, pero me ha dado un golpecito de estómago cuando me lo ha dicho, creo que siempre va a ser mi amor platónico. Estoy segura de que será un padre sensacional y aunque se muestra un poco nervioso por lo que se le avecina, Felipe está muy ilusionado con la idea.
Llamé a Marina de camino a casa, estaba a punto de colgar y darme por vencida un día más cuando mi hermana respondió al teléfono.
—Lo siento —dijo entristecida.
—No tienes nada que sentir cariño, yo ni siquiera me habría atrevido a salir del armario… —le contesté.
—¿Le dijiste a mamá que estoy enferma? Me ha dejado un mensaje en el buzón de voz. Después de llamarme treinta veces desde ayer. No me apetece hablar con ella, si te pregunta, sigo enferma o me estoy muriendo… —dramatizó Marina.
—«Oh, my god» hermanita… Te has pasado. Tranquila, tómate tu tiempo, lo volveremos a organizar, iremos juntas y esta vez no voy a soltarte de la mano, te lo prometo. ¿Por qué no vienes a cenar conmigo hoy? Puedo encargar algo mientras llegas.
—No Paula, Juan acaba de llegar. Vamos a cocinar y a tirarnos al sofá.

La oigo suspirar.
Se hace un silencio incómodo. Uno de esos que desconocía cuando la persona que se encontraba al otro lado de la línea telefónica era mi hermano Matías y se pasaba el tiempo diciendo tonterías y yo ni me esforzaba por escucharlo. Me encantaría decirle que, por primera vez en muchos años, siento que formo parte de algo, de alguien, de ella. Que aún nos quedan mil cosas por vivir juntas, y

que estoy encantada de tener una hermana y que haya confiado en mí. Pero no encuentro las palabras adecuadas, están alborotadas en mi mente, y siento la lengua más pesada de lo normal. Todo esto también es complicado para mí, y aunque me gustaría, no consigo decir nada, solo la escucho respirar, y el tiempo es cada vez más lento e incómodo.

—Ya te llamaré ¿vale? —dice por fin.

—Vale —contesté.

CAPÍTULO 30

Apenas he salido de mi despacho hoy. Los últimos eventos han sido bastante aburridos: un bautizo y una gala benéfica. La semana que viene se celebrarán las bodas de oro de los Fernández. Isabel quiere que nos veamos en la carpa nupcial un día antes para que le eche una mano. Creo que está de los nervios. Le he estado dando vueltas a los mails de Lucas y después de debatirlo con el cactus de mi mesa y el café, hemos decidido hacer como si nunca hubiese pasado. Esta mañana lo vi pasar fugazmente por la puerta de mi despacho de la mano de Alicia, me ha saludado sutilmente con su ceja derecha, ante la atenta mirada suicida de su futura mujer. Me sentí tentada a gritarle que yo también lo había echado de menos durante las vacaciones, aunque fuese por joder. En vez de eso, le devolví el saludo levantando mi ceja derecha y seguí con mi aburrida rutina. Creo que trabajar en el Rice era más divertido cuando "él" era mi enemigo número uno y "ella" ni sabía que existía. Menos mal que Lucas no me gusta y que estoy enamorada hasta las trancas de Ian... ¡IAN! No sabía nada de él desde ayer al mediodía.
Saqué mi teléfono del bolso y le escribí un mensaje por WhatsApp.

—¿Todo bien caballero? Acuérdese que he quedado con las chicas hoy, voy camino del Hollie.
¿Cenamos en mi casa esta noche?—

—¡Qué ganas tenía de verte! —grita Pedro desde la barra del bar, cuando me ve entrar.
—El otro día no pareció que os molestara que Paula se fuera antes, ¿eh? —dice mientras mira fijamente a Lisa.

Hay risas tontas de complicidad entre ellos.

—¿Qué coño me he perdido? —refunfuñé.

—Nada, nada... —dice Lisa— este que está tonto... no le hagas caso.

Patricia me mira con cara de: Yo no digo nada. Esa cara que tantas veces pone cuando no aprueba algo de lo sucedido.

—¿Me lo vais a contar?

—Que no es nada —dice Lisa—, el novio, que no tenía ganas de seguir de despedida de soltero y a mí no me apetecía cenar sola... Así que me lo llevé a casa... tampoco es para tanto.

—¿El que me hacía ojitos a mí? Patricia, dime que está de coña... —le digo mientras miro a Lisa con incredulidad.

—Yo sólo sé que me vino a buscar Max y esta se quedaba aquí con «el novio» y el amigo... De lo demás, qué quieres que te diga... Yo no soy su niñera —protestó.

—¿Y Joaquín? —pregunté.

—¡Venga Paula! ¡En serio! ¿Tú me ves casándome? No llevamos ni seis meses. Nos llevamos bien, sí y es muy majo de verdad... pero no estoy preparada para dar el paso, le he dicho que no.

—¿Le has dicho que no porque no estás preparada o porque te has follado al novio andaluz?

—No estoy preparada. Y no, no tendría que haberme llevado a Álvaro, el andaluz, el novio, a casa lo reconozco, pero ya me conocéis... tengo pánico al compromiso, me bloqueo y cuando me bloqueo la cago, y ya está. Sí, la cagué ¿vale? No he vuelto a hablar con el chico y no se lo he contado a Joaquín. FIN —dice Lisa.

«FIN»

Que facilidad tenía mi amiga para cerrar el tema y olvidarse de lo ocurrido, ojalá yo supiera hacer lo mismo, en muchas ocasiones habría evitado días de clínex, mantita, chocolate y sofá.

Después de aquello, las chicas y yo nos pusimos al día con los cotilleos. Les conté mis días con Ian, los mails de Lucas y la cena familiar con la huida de Marina incluida. En estos momentos debaten sobre cuál de mis novedades les preocupa y cuál les gusta más. He de reconocer que en estos momentos lo único que a mí me preocupa es la última. Me arrepentí toda la noche de no haberle sabido mostrar a mi hermana mis sentimientos y lo que pensaba acerca de ella, pero ya estaba hecho ¿no? Pues «FIN»... Como acababa de decir Lisa.

—¿Entonces, Ian y tú a parte de la mini bronca y follar como conejos, ¿bien? ¿no?

—Yo diría que mejor que bien. Cuando Ian entró en el bar después de hablar con su ex, creí que se volvería a joder todo, y sin embargo que me dijera que le gustaba mucho y que no quería perderme me dio la tranquilidad que necesitaba para volver a creer en las mariposas de nuevo.

—¡Joder Paula, qué moña eres hija! —dice Elisabeth.

Las risas invaden el bar.

Patricia está especialmente guapa hoy. No ha dejado de engullir todo lo que Pedro traía a la mesa desde que nos hemos sentado. Cacahuetes, revueltito, patatillas.

—Tengo una galleta en el bolso por si te quedas con hambre —bromeo.

—Jajaja, qué graciosa —dice Patri—. Hoy no ha venido Max a comer, y me ha dado pereza cocinar para mí.

—Me parece horrible —suelta Lisa a bocajarro.

—¿El qué? —pregunta Patricia.

—Pues eso, que como tu marido no viene a casa a comer, no cocines para ti, me da mucha rabia cuando hacéis esas cosas.

—No cocino porque me da pereza, no tiene nada que ver con Max.

—Pues yo creo que sí, al final sois esclavas de su ropa, de su estómago y hasta de su sexo —dice a lo mujer fatal.

—De verdad Lisa, cuando te pones en plan gruñona eres insoportable —le digo.

De mi móvil sale la canción «It's my life» de Jon Bon Jovi que suena a toda castaña desde mi bolso.

—¡Ey bombón! ¿Estás bien? No sé nada de ti.

—Sí, hola Paula. He tenido que ir a Madrid para encontrarme con un cliente nuevo —contesta Ian.

—¿Estás en Madrid?

—Sí. Voy a estar un par de días en el Hotel Riu. Tendremos que aplazar la cena en tu casa.

—Ok, yo estoy en el Hollie con las chicas, si quieres hablamos más tarde y me cuentas.

—No, no te preocupes, diviértete. Voy a bajar a cenar y subiré a la habitación, estoy cansado.

—Vale, que descanses Ian. Hablamos mañana.

—Buenas noches.

Las chicas me miran. Me pone nerviosa que me observen fijamente, creyendo que por ello voy a conseguir leerles la mente. No sé ustedes, pero yo no hago esas cosas, aunque me gustaría...

—¿Qué? —les pregunto.

—Nada, nada... Es la primera vez que te llama y te da explicaciones, ¿no? —dice Patricia.

—Ahora que lo dices... Sí.

La noche era cálida.

Desde el balcón de mi salón puedo ver el manto de estrellas que me regala la noche, puede que yo fuese moña como decía Lisa, pero siempre sentí una conexión especial con el universo. Serví una copa y preparé un baño de espuma. Me sentía serena y tranquila.

(Nuevo mail)

De: Lucasotxarkoaga@riceevents.es
Para: Paula

Alicia acaba de leer todos los emails que te he enviado.
Lo siento muchísimo,
Lucas.

CAPÍTULO 31

En la recepción del Rice, sobre el enorme sofá de piel color negro, está sentado el señor Ramírez con una carpeta en la mano y el móvil en la otra.

—Buenos días señorita Márquez, iba a llamarla ahora mismo. Por favor, acompáñeme al despacho.

Laura está en la recepción mirándome cabizbaja. No sé si son imaginaciones mías, pero diría que todos mis compañeros están pendientes de mí. Dentro del despacho de mi jefe empiezo a sentir todo el rubor en mis mejillas y al séptimo de caballería trotando en mi corazón. Intuyo que no son buenas noticias.

—¿Qué ha pasado Paula? —pregunta el señor Ramírez.

—Lo siento, pero no sé a qué se refiere —le digo.

—Las relaciones sentimentales entre el personal están estrictamente prohibidas señorita Márquez.

—Lo sé, señor Ramírez, pero...

Me interrumpe:

—Pues, si a eso le añadimos que usted intenta mantener una relación sentimental con el prometido de mi ahijada, es un tema que no puedo eludir.

—Le prometo señor Ramírez que su ahijada no tiene nada de qué preocuparse. Esto ha debido de ser un malentendido. El señor Otxarkoaga y yo mantenemos una relación estrictamente profesional.

—No es eso lo que hemos leído en los mails de Lucas, obviamente solo hemos encontrado los que él le ha enviado a usted... Los suyos, los ha debido de borrar para evitar que Alicia los leyera —dice.

—¿Disculpe? ¡Eso no es así! Lucas no ha borrado ningún mensaje porque yo jamás le he mandado nada que no sea profesional —le digo con enfado.

—No la he llamado para discutirlo —dice mientras pulsa la tecla «P» de su teléfono de mesa. Fanny, ¿puedes traerme los documentos que le pedí esta mañana, por favor?

Estoy tan nerviosa que creo que me chirrían los dientes. No hacía falta que me dijera nada más. Fanny era nuestra directora de recursos humanos... Estaba despedida.

—Vamos a prescindir de sus servicios señorita Márquez. El volumen de trabajo ha descendido bastante, no es nada personal —dice mientras me pasa mi carta de despido ante la mirada de la directora de RRHH.

—Ambos sabemos que ese no es el motivo y no estoy de acuerdo —balbuceo.

—Paula, es mejor que firmes. El señor Ramírez ha sido muy generoso con tu liquidación. Puedes preparar tus papeles del paro mañana mismo. —Intenta mediar Fanny.

...

No puedo pensar, odio estar en tensión. Es algo que me bloquea y me frustra muchísimo. Tengo un tiempo de reacción demasiado lento en este tipo de ocasiones. El señor Ramírez y Fanny están mirándome fijamente mientras yo intento pensar con claridad...

«¡No es justo, yo no he hecho nada!»

Por otro lado, creo que podría firmar y olvidarme del Rice para siempre. Quizá sea el empujón que necesitaba para empezar algo nuevo.

«¡Mierda! No puedo pensar con claridad».

—No es justo —consigo decir—. Me he esforzado muchísimo, siempre he mejorado los presupuestos y los costes ante los clientes, he colaborado en todos los eventos, e incluso accedí a ceder la mitad de mi proyecto a Lucas porque usted me lo pidió. ¡Yo no le he mandado ni un solo email a Lucas! ¡Lo juro! Puede usted decirles a sus informáticos que revisen mi ordenador. Está siendo arrastrado por el ataque de celos de Alicia y usted está entrando en ese juego infantil.

—No tengo nada más que hablar con usted Paula, firme y recoja sus cosas. —Dictamina mi, desde ese mismo momento, exjefe.

Con los papeles de mi despido en la mano camino aturdida hacia mi despacho, sin darme cuenta de que Felipe me está acompañando en silencio. No dice nada, solo me acompaña, ya sabe lo que ha sucedido, su cara lo dice todo. El despacho de Lucas está cerrado y a oscuras, los compañeros de las mesas de enfrente me miran raro, supongo que Miss Cunnilingus ha puesto al día al personal de su tío antes de que llegara yo.

Felipe entra conmigo a mí despacho, cierra la puerta a sus espaldas y me abraza.

—Te dije que no te fiaras de él. Joder Paula, te lo dije...

—Yo no he hecho nada y tampoco creo que haya sido culpa de Lucas.

—Y todavía lo defiendes, no tienes remedio canija, no tienes remedio —dice Felipe mientras me besa en la mejilla.

—Lo sé.

Y una lágrima escapa del filo de mi ojo. La que me recuerda que estoy despedida y que me ayuda a despertar de mi letargo.

Mi camino en Rice Events había acabado, ya no había vuelta atrás. Tres cajitas, una maceta, dos cuadros, una foto de mis amigas durante la cena de navidad del año pasado y la taza de café que me regaló Ojitos Saltones en el amigo invisible. A eso se reducen ocho años de trabajo en la oficina. Entre los cajones de mi mesa encuentro el pósit que me escribió Ian la primera vez que me invitó a cenar, el día que fuimos al Corral de las Cigüeñas, habían pasado muchas cosas desde entonces. Lo guardé en la caja y apagué por última vez mi ordenador.

Llamada desde la Ext. 530

—¡Vete a la mierda Lucas! —digo nada más descolgar el teléfono.
—Veo que ya te ha dado la noticia... mi tío ¿Creías que podías jugar con mi novio e irte de rositas?—dice Alicia.
—Que te den —contesto llena de rabia y cuelgo el teléfono.

Apago la luz de mi despacho, estoy tentada a ir al despacho de Lucas y limpiar el suelo con el pelo de la sobrina del jefe, pero... respiro hondo y me voy.

«FIN»

Laura sale de la recepción y me abraza, me está achuchando con toda la fuerza que hay en esos bracitos finitos suyos... Voy a echar de menos a esta chica, es puro amor.
Le doy las llaves del Rice, el teléfono, mi tarjeta de empleada y le prometo que nos veremos pronto. Bajo silenciosa las escaleras que dan acceso al parking cuando Bon Jovi empieza a sonar en mi chaqueta.

(Número desconocido)

—¿Sí? —contesté.
—Paula, soy Lucas.
—Me acaban de despedir.
—Lo sé.
—¿También sabes que todo esto es culpa tuya?
—Sí, te prometo que les he dicho que he sido yo, que yo te he estado escribiendo y que no sabía por qué... ¡Porque es la verdad! No sé qué me ha pasado Paula, a mí me gusta mucho Alicia, pero he sentido una conexión especial contigo en las últimas semanas.

No sé, me quedé con ganas de conocerte más... Alicia estaba celosa de ti y se puso a revisar mi ordenador sin permiso, debería haber borrado los emails, pero nunca pensé que ella llegaría a eso. Todo esto es culpa mía. ¡Joder! Lo siento mucho, no sé qué me ha pasado. Lo siento, lo siento mucho Paula, todo es culpa mía, lo siento de verdad.

...

...

...

—Paula ¿Estás ahí?

...

...

—¿Paula?

...

...

—Por favor Paula, dime algo. Me siento fatal, de verdad, lo siento muchísimo.

...

...

—Adiós Lucas.

Colgué el teléfono con tristeza, un nudo en la garganta y una nueva lágrima cayendo por mi mejilla. Creo que he perdido algo más que un puesto de trabajo, hay un sentimiento punzante y cierto resquemor en mi interior.

CAPÍTULO 32

Juan está agarrando mi mano, mientras Marina me acicala el pelo y me alcanza un clínex.

No quería irme a casa sola, no había conseguido hablar con Ian desde la noche anterior, y las chicas no podían quedar conmigo entonces. Así que llamé a mi hermana y me presenté en su casa. Estoy contenta de estar con ella en estos momentos, no sabía la falta que me hacía tenerla en mi vida, hasta que la «conocí».

Juraría que la casa es diferente. Hay otro color, otro ambiente, otra energía. Juan es super atento y cariñoso con Marina. No sé cómo no pude darme cuenta antes de que eran pareja, ahora que los veo juntos, tengo la sensación de que los he visto así toda la vida, y sin embargo era la primera vez que Juan y Marina estaban juntos delante de mí.

—¿Quieres que pidamos algo para comer? —pregunta Marina.

—No, no quiero molestar, me voy a casa en un ratito… gracias cariño —le digo.

—No molestas Paula. Venga quédate con nosotros, ¿bajamos a comprar algo y hacemos la comida entre los tres? —propone Juan.

—¿Ah, pero Marina sabe cocinar? —bromeo.

Mi hermana mayor acaba de propinarme una colleja a lo Marina la camionera.

—Venga petarda, vamos a comprar al centro comercial, y así podemos mirar ropita que aún es temprano —me dice mientras le da un beso a Juan y una cachetada en el culo.

Cogimos el coche y nos acercamos a Ruta de la Plata. Me sentía doblemente extraña ahí. Por un lado, estaba de compras con mi hermana, algo inimaginable meses atrás; por otro lado, estaba en pleno centro comercial un martes a las doce de la mañana. Marina me mira fijamente con los brazos en jarra.

—¿Otra vez vas a llamarle cari? —pregunta.

—Es que me parece muy raro que aún no me haya devuelto la llamada. ¿No tiene tiempo ni para escribirme un WhatsApp? —contesto.

—Paula, está en Madrid trabajando. Estará reunido... Aparte, eso de que habléis cada día y a todas horas me parece excesivo, relájate, va... ¡Mira que zapatos más monos! —Mi hermana tira de mi bolso y me doy de bruces con el escaparate de zapatos y complementos Marypaz.

—¡Ay! ¡Joder! Me he comido el cristal, boba —protesto.

—Por estos zapatos merece la pena el chichón. Venga vamos a pedirle tu número a esa dependienta, son ideales... —dice emocionada.

—¡Disculpe! —Le dice a la dependienta que está agachada dándole unos zapatos de charol a una chica.

—Un momento por favor —dice la dependienta levantándose lentamente del suelo. La chica que está sentada en el banquito es una mujer de unos treinta años, delgada, de tez blanca y una melena rojiza impresionante. Reconocería esa melena a cientos de kilómetros. La que está probándose el zapato de charol, con tacón medio y hebilla dorada, es «ella». Es la chica que iba de la mano de Ian aquella primera vez que los vi pasar por Gómez Becerra. La misma chica que no hace mucho, llamaba a Ian asomada al ventanal de la cafetería biblioteca el día que fuimos a visitar Mérida. La chica pelirroja me mira fijamente y me sonríe. Aparto la mirada de ella buscando a mi hermana para irme de allí cuanto antes, pero en vez de a Marina, me encuentro mirándome de frente a Ian. En una mano lleva el zapato contrario al que ella se está probando y con la otra sujeta el bolso de su ¿ex?

Salgo de la tienda sin avisar, y empiezo a caminar rápidamente hacia el parking del centro comercial. El teléfono empieza a sonar, pero no lo cojo, quiero entrar en el coche y esconderme allí de por vida, no podía creerme que Ian me lo estuviera volviendo a hacer, la cabeza me iba a estallar. Empezaba a sentirme aturdida, mareada, no podía pensar en otra cosa que no fuese huir lejos de aquel lugar cuanto antes.

—¡Paula! Espérame. Nena, no me hagas correr con estos tacones... —grita Marina a lo lejos— ¡Paula! ¿No me oyes? ¡Espera!

Freno en seco e intento secarme las lágrimas antes de que llegue.

—¡Coño cari! ¿Qué te ha pasado? —me dice asfixiada.

Cuando me mira, me agarra del brazo y comienza a caminar, como si hubiese adivinado lo sucedido con el simple hecho de mirarme a los ojos. Antes de llegar a la puerta del coche, alguien está tirando suavemente de mi bolso, sabía que era él antes de que me diera la vuelta.

—Deja que te lo explique —dice Ian.

Ella está a dos metros de él. Me mira desafiante, tiene una turbia media sonrisa dibujada en su cara. Miro a Ian fijamente, abro la puerta de mi coche y me encierro en él. Cuando Marina entra, arranco el coche y acelero dejando atrás a la pelirroja y mi vida.

«¿Y si estoy dormida? ¿Y si esto es simplemente una pesadilla, ¡por favor despierta! ¡Despierta Paula!»

Tengo una sola llamada perdida y es de Lucas. Llegamos a casa de Marina y me despedí de ella en la escalera del portal. Tantas emociones fuertes en un solo día habían conseguido acabar conmigo.

Necesitaba irme a casa, llorar, desconectar, sentirme a salvo.

Digerir todo lo que acaba de pasar en mi vida. Me levanté un día de la semana más y he acabado sin trabajo y sin corazón.

Reflexión del día: Vulnerabilidad.

Estoy sobre la cuerda floja, camino a ciegas y sin sentido, me adentro en un torbellino de emociones y no consigo encontrar mella por la que escapar de aquí.

Empiezo a marearme y tengo ganas de vomitar. "La vida está en constante movimiento".

Un día estás en la cresta de la ola y al otro pierdes el control de tu vida, caes y te arrastra la corriente. ¡Acabo de caer al vacío! Estoy siendo engullida por el agua, estoy literalmente hundiéndome a cámara lenta.

Suelto el boli y apoyo el cuaderno en mi mesita de noche.

Otra llamada perdida de Lucas y ya van seis. ¿Por qué me llama? No tengo nada que hablar con él. ¿Por qué no lo hace Ian? Para que pueda sonar el teléfono hasta que salte el contestador y se moleste porque lo ignoro. ¿Dónde están las chicas cuando las necesito? Me han mandado un mensaje de ánimo; que harán lo imposible por verme mañana. ¿Mañana? ¿Qué voy a hacer con mi vida a partir de mañana? No me veo con fuerzas de hacer nada. La cabeza me va a estallar. Me voy a la cama, es suficiente por hoy.

CAPÍTULO 33

9:00 h En el parking solo está el coche de Isabel Fernández y Lucas, el camino que da a la entrada de la carpa está repleto de flores blancas y verde limón. A los lados del camino hay plantados seis árboles del amor, o *cercis siliquastrum* que es como realmente se llaman, aunque a mí me gustaba más su nombre común. No medían más de dos o tres metros, sus preciosas flores parecían racimos de mini rosas, el contraste de colores era espectacular. Realmente habíamos hecho un buen trabajo. Al final del camino entre los jardines se encontraban los bancos para los testigos de la ceremonia, la sala de actos estaba compuesta por un hermoso arco de rosas verdes, geranios color salmón, mariposas de tela y un pequeño altar. Era tan bonito que por un momento envidié no ser la mujer del señor Fernández.

Accedí a las peticiones que Lucas dejaba en mi buzón de voz, a que los acompañará en la reorganización del gran día de hoy. No lo hice por él, lo hice por Isabel y por mi compromiso con su familia. Habíamos estado trabajando muy duro, y sentía que esta iba a ser la mejor manera de despedirme del Rice Events, y no de la manera que Miss Cunnilingus y el señor Ramírez lo habían hecho. Me acercaba lentamente hacia la carpa nupcial, sumergida entre el olor a primavera y los colores que con tan buen gusto estaban dando vida a aquel lugar. Si alguna vez pasaba por el altar, yo misma iba a contratarme para organizarlo todo.

En la lista de invitados estaba el sello de la empresa. Un pellizco en el estómago rompió la magia de aquel momento. Estaba empezando a arrepentirme de estar allí, al fin y al cabo ¿Qué pintaba yo? Tomé aire, cogí fuerzas y entré.

Lucas e Isabel revisaban las listas individuales para asegurarse de que cada invitado ocupara la mesa asignada correctamente. La ceremonia empezaría dentro de cinco horas, ese era exactamente el tiempo que debía hacer de tripas corazón.

—¡Gracias a Dios Paula qué has venido! ¡Estoy de los nervios! No sé si me sobran mesas o me faltan sillas. Hay un descuadre en el mobiliario. ¡¿Qué hago ahora?! —dice Isabel mientras va de un sitio a otro con las manos en la cabeza.

Lucas me mira y sonríe, pero apuesto a que no tiene ganas de sonreír. Había estado demasiado tiempo analizando a aquel hombre con el fin de saber su estado de ánimo antes de empezar las reuniones en las que nos disputábamos el liderazgo del grupo cuando nos asignaban el mismo evento.

—Gracias por venir —dice Lucas.

—De nada ¿Qué es lo que no cuadra? ¿Sobran mesas o faltan sillas? ¿Has traído el listín con los proveedores? Aún tenemos tiempo de solucionarlo —les digo.

—Creo que el problema ha surgido por el primo de Isabel —dice Lucas.

—Sí, ese ha sido el problema. El sobrino bastardo de mi padre. No nos confirmó la asistencia. Por lo que no conté con él, pero anoche se presentó en la cena de familia, y para colmo ¡no viene solo! El muy capullo ¡se ha traído a toda la familia! Me faltan cuatro sillas, y en la mesa de la tía Lucía me sobran dos, porque Lucas no se habla con su hermana, así que cuando anoche lo vio entrar en el restaurante mi prima cogió a su marido y se fue. Esta mañana han vuelto a Badajoz. —Me explica Isa consternada.

Observo la capacidad de la carpa y la colocación de las mesas.

Si movemos un poco las mesas del final y la mesa nupcial ganamos lo suficiente como para poner una mesa de cuatro comensales. O quizá podríamos separarlos y colocar al matrimonio con la tía Lucia y a los niños con los hijos de Isabel, así no habría que mover nada, solo añadir sillas.

—¿Y qué te parece si sentamos a tu primo con su madre, y a sus hijos con los tuyos? —le propongo.

—¡Uy! ¡No! ¡Imposible! Mi tía Lucia está enfadadísima con él. No le perdona que su hermana se haya ido esta mañana por su culpa —dice Isa.

—Yo lo que veo un poco raro, es que las mesas sean de seis, y coloquemos una de cuatro, va a descuadrar un poco —dice Lucas.

—Tienes razón.

Los tres estamos mirando de arriba abajo el salón, buscando una solución, cuando de repente...

—¡Ya lo tengo! —dice Isabel divertida—. Os quedáis a la boda y problema resuelto. Ya tenemos otra mesa de seis...

—¿Estarás de broma? —le digo.

—No podemos quedarnos a la boda, Isabel no te preocupes, lo solucionaremos. Me pongo en contacto con el proveedor y te hago llegar la mesa extra y las cuatro sillas.

—No es ninguna broma, os quedáis a la boda y no descuadrarán las mesas ¡por favor! Me apetece mucho que os quedéis, total... llevamos juntos en esto casi un año, es como si os invitase a comer, ya está... por favor...

—¡Eh! ¡Eso no va ahí! ¡Qué desastre, no os puedo dejar solos! —Isabel se va a toda prisa detrás de dos señores que transportan un altavoz del tamaño de mi zapatero.

—¿Qué hacemos? —pregunta Lucas.

—Compra una mesa y seis sillas —contesté.

Ya estaba allí, total, no tenía nada que hacer en todo el día. Al menos me distraería. Seguro que aquello iba a ayudarme a olvidar que llevaba días llorando encerrada en casa, esperando a que Ian se dignase a llamarme para mentirme de nuevo.

Las chicas me habían dicho que borrara todo lo que me recordara a él. Ayer intenté deshacerme de sus fotos, pero lo único que conseguí fue llorar con mayor intensidad al recordar los buenos momentos que habíamos vivido juntos. Ojalá tuviésemos un programa de reset incorporado, algún tipo de botón de autodestrucción que se activase en el momento en el que empezáramos a idealizar la relación y a borrar todo lo malo o negativo que vivimos... pero no. Rompes con alguien y lo único que hace tu cerebro es torturarte con los buenos momentos... y a lanzarte señales desfavorables como, por ejemplo, de repente ves más que nunca ese vestido que llevabas en aquella fiesta, recuerdas su perfume, te tortura la foto de aquella noche en aquel hotel, escuchas en bucle la canción con la que follábamos en el coche la noche que volvíamos del cine... Cualquier recuerdo que te impide cicatrizar y te obligue a seguir lamiéndote la herida.

—¡Paula! ¡Paula! ¿Me estás escuchando? —dice Isabel.
—Perdona, estaba en mi mundo —le digo.
—Lucas acaba de decirme que te han despedido. ¿Eso es cierto? —La pregunta de Isabel vuelve a pellizcarme el estómago... esta vez con más fuerza.
—Isabel, si quieres que me vaya no hay problema, dímelo sin compromiso —le contesto.
—¿Estás loca? No quiero que te vayas. Te han despedido injustamente —dice.
—¿Cómo lo sabes? —pregunté.
—Porque Lucas me lo acaba de contar, la verdad si yo fuera tú creo que no estaría aquí con él...
—No lo hago por él, Isabel, tampoco por la empresa. Realmente estoy aquí por ti y tu familia. He trabajado muy duro y creo que es una bonita forma de cerrar este capítulo de mi vida.
Isabel se abalanza sobre mí y me abraza fuertemente.
—Recuerda que soy abogada —me dice bajito al oído.

Lucas está con la mirada en el suelo. Definitivamente está jodido, se siente culpable por lo que ha pasado en el Rice. ¿Por qué tengo ganas de abrazarlo? Me gustaría decirle que no pasa nada, que hace tiempo que quería dejar la empresa y empezar algo nuevo, pero estoy resentida, y desde que lo he visto aquí, apenas he sido capaz de cruzar dos palabras seguidas con él que no tuvieran que ver con el evento en sí. A su: «Gracias por venir» y «Estás preciosa», en ambos casos mi respuesta ha sido la misma: «Ahórratelo».

CAPÍTULO 34

21:30 h La banda hace más de tres horas que toca a toda castaña las peticiones de los más veteranos de la fiesta. Si vuelven a tocar «Paquito el chocolatero» me voy.

La ceremonia fue espectacular, los votos matrimoniales me habían llegado fuertemente al corazón. Fue muy emotivo. Él le promete caminar a su lado cada día ya que sus brazos son débiles para llevarla en volandas, pero su corazón es lo suficientemente fuerte como para no dejarla atrás, ni un segundo de lo que le resta de vida. Ella promete seguir siendo su bastón, su faro y su regazo. Y hacerle compañía con la misma admiración del primer día. Juro que en aquel momento se erizaron todos los poros de mi piel.

Lucas y yo empezamos a relajarnos una vez que llegó el postre a nuestra mesa. Al inicio de la comida estábamos bastante tensos, la situación era como mínimo «rara» y la suma de infortunios de última hora nos habían tenido en tensión toda la comida. El mobiliario extra llegaba una hora antes de empezar la ceremonia nupcial. A la señora Fernández, le habían derramado un café en la parte baja de su falda de tubo. Isabel andaba gritándoles a los camareros que necesitaba un paño seco y una gaseosa... No tenía ni idea de que la gaseosa era tan beneficiosa como quitamanchas ¡Anotado!

El primo de Isabel, Mario, no era santo de mi devoción... Digamos que era la típica persona que tiene la necesidad de ser el centro de atención, y se cree extremadamente gracioso.

En un momento de la comida Lucas se acercó a mi oído y me dijo
—¿Soy el único que no le ve la gracia a este chico?

Nos reímos tanto que el «Gran Mario» creyó que era por su nefasto chiste y se vino arriba... No volvió a callarse en toda la tarde. Pero por fin la boda nos dio una tregua y estaba tranquila saboreando aquel increíble postre. Era una fusión de crema de albaricoque, brownie de chocolate, acompañado de helado de nata. La explosión de sabores y temperaturas era brutal.

Llevaba un rato observando a Isabel, no conocía a su marido hasta ese momento. Era envidiable ver el amor que se tenían. En el momento en el que Isa subió a hablar de sus padres en el atril los ojos de él se deshacían, se veía de lejos que estaba orgulloso de su mujer. Esa imagen le daba esperanza a mi corazón.

«Aún quedan hombres buenos».

—¿Te apetece bailar? —me pregunta Lucas.
—Lucas, está sonando el Dúo Dinámico. La verdad no me seduce mucho la idea... además, sigo enfadada contigo.
...
Lucas se levanta de la mesa y se va. Quizá mi respuesta le había molestado, lo perdí entre el bullicio de los invitados que estaban dándolo todo al ritmo de la canción:

Quince (Quince)
Años (Años)
Tiene mi amor
Dulce (Dulce)
Tierna (Tierna)
Como una flor
Cuando el sol se pone es la estrella que da luz
Quiero repetirte que no hay nadie como tú
Oh ohh ohh ohh ohh oh
Ohh ohh ohh ohh ohh

La canción acaba y se oye un ruido desagradable. Ese pitido que emite el micrófono cuando cae en las manos de quien no debe... ¡Ese ruido!
Levanto la vista y sobre el escenario está Lucas con el micrófono en la mano.
—¡Disculpen! Lo siento, soy novato...
Los invitados ríen y le animan a cantar, las peticiones de los invitados están encendiendo mis mejillas, me estoy muriendo de la vergüenza ajena.
—¡VAMOS HIJO! Que algunos ya somos mayores, y nos estás robando tiempo extra —grita alguien entre el improvisado público.
La gente ríe, estoy observando paralizada el show, mi otra yo hace rato que está escondida debajo de la mesa. Siempre me ha pasado lo mismo, me da mucha vergüenza estas cosas, no lo puedo evitar. Aunque no vayan conmigo, me da un patatús cada vez que veo a alguien en algún tipo de situación parecida a esta.
—Prometo ser breve señora. Me llamo Lucas Otxarkoaga, trabajo para la empresa que ha organizado esta fantástica boda...
—¡A la boda le faltaba un humorista bueno! —grita, como no, el primo simpático de la familia.
...
—Quiero dedicarle esta canción a mi compañera, amiga y maravillosa Paula.

A la vez un foco me está apuntando con su visión fluorescente, el dedo índice de Lucas me está señalando y todas las miradas están puestas en mí y en el color rojo tomate que viste mi cara

—Sé que esto no hará que las cosas cambien, pero de verdad que lo siento Paula, y me gustaría que me dieras la oportunidad de demostrarte que puedes confiar en mí como empezabas a hacerlo y que mis intenciones son buenas.

Hay un silencio incómodo, creo que ahora debería de hacer o decir algo, pero estoy más paralizada que cuando la cosa no iba conmigo.

—¡VAMOS HIJA! Que el tiempo sigue su curso y me están matando los zapatos —grita la misma señora pesada de antes.

Lucas le devuelve el micrófono a su dueño y se baja del escenario, empieza a sonar la canción de Daniel Santacruz.

...

Cuando un hombre se enamora
Es capaz de darlo todo, cambia el mundo por amor.
Él no entiende de razones
Sólo sabe que la quiere, se lo ha dicho el corazón.
Le falta la respiración y se le acelera el corazón.
Y el tiempo pareciera no pasar.
Y si lo dejan puede hablar más de mil horas.
Si el teléfono se atreve a sonar, a sonar...
Cuando un hombre se enamora
Sólo quiere estar con ella y no la deja de nombrar.
Cuando un hombre se enamora
Ella baila en su cabeza y él no para de soñar...

La mujer de Mario me da un golpecito en la espalda que hace que me vuelva a correr la sangre por las venas.

—Muchacha, no te quedes ahí, anda... ve a ver dónde se ha metido.

Me levanto y entre la masa que me sonríe, me aplaude y me mira raro diviso justo en la puerta de la carpa a Lucas de espaldas.

—¡Lucas! ¡Espera! —grito nerviosa y salgo a correr.

Me choco contra él, había empezado a correr a mayor velocidad creyendo que no pararía, pero el jodido acababa de frenar en seco.

—Lucas, no sé qué decir —le digo nerviosa.

—Déjalo Paula. Te entiendo, no pasa nada... Te han despedido por mi culpa, entiendo perfectamente que estés enfadada y no quieras saber nada de mí. Sólo quería pedirte perdón. Ha sido una estupidez... —me dice y sigue caminando dirección al parking.

—¿Y la canción? —le grito.

Lucas vuelve a detenerse.

Se gira. Está tremendamente triste, no estoy entendiendo la intensidad con la que mi corazón late. Avanzo hacía él y le vuelvo a preguntar:

—Lucas ¿y la canción?

—Es bonita... —contesta.

—¿Sólo eso? —pregunto.

—¿Qué más quieres que te diga Paula? Ya sabes que me gustas.

Aquellas palabras estaban cortocircuitando mi cabeza, mi capacidad torácica se estaba quedando estrecha, el rubor de mis mejillas pasaba de rojo al rojo ocre. Y sin saber porqué ni cómo me abalancé y le planté un beso, uno fugaz, corto, efímero. Porque antes de que pudiera meter mi lengua en su boca Lucas frenó en seco, me separó de él y yo retrocedí lentamente sobre mis propios pasos. Me sentía avergonzada y confusa. Agaché la mirada y salí a correr hacía el cuarto de baño de chicas. Iba a encerrarme allí para siempre. Los papeles acaban de invertirse, y como si estuviéramos jugando al gato y al ratón ahora él estaba corriendo detrás de mí, gritando mi nombre.

«¡Mierda! ¡Mierda! ¡Mierda! ¿Por qué coño habré hecho eso? ¡Joder! ¡Se me ha ido la olla! ¡Mierda!»

Estoy dándome cabezazos contra la puerta del cuarto de baño. De repente se apaga la luz del baño, la puerta principal se abre y entra un hilo de luz por debajo de la puerta... escucho como alguien entra en el baño de al lado y echo el pestillo.

—Paula ¿estás ahí? —pregunta Lucas.

—¡¿Esto es el baño de mujeres, estás loco?! —le digo—. Vete antes de que entre alguien y te vea aquí.

—No hasta que no salgas y hablemos de lo que acaba de pasar.

—¿¿¿Lo que acaba de pasar??? —le digo—. Sencillo, soy idiota, se me ha ido la olla y te he besado, y me has rechazado. Fin.

—Creo que es más que eso. ¿Puedes salir por favor? —Ruega Lucas.

—¡No! Me voy a quedar aquí de por vida, hasta que desmonten la carpa y se den cuenta de que hay una chica aferrada a la taza del váter Así que ¡Vete! —le contesto.

—Vale... pues aquí nos van a encontrar a los dos, no tengo prisa... Ya saldrás... —me dice, y cierra la puerta del baño.

...

No puede ser que Lucas este sentado en el váter de al lado y no se quiera mover de allí, joder, ese cabrón no parece que le preocupe el hecho de que alguien entre.

Imaginé que Isabel entraba y nos veía a los dos dentro del baño, y se imaginase que estaríamos follando apoyados en la puerta de aquel habitáculo prefabricado a todo lujo de detalle en las bodas de oro de sus padres.

«¡Joder! ¡Si al menos me lo estuviera tirando, tendría su gracia!»

—Lucas, lárgate de aquí, por favor. Seguro que Alicia te estará esperando, tu teléfono lleva encendiéndose todo el día, estoy segura de que era ella.

—Sí, era ella, quiere hablar conmigo Paula, ayer le dije a Alicia que no quiero seguir con ella. Está intentando hacer que cambie de opinión.

...

Retiro el pestillo del baño, abro la puerta y me asomo en dirección a la puerta del baño de Lucas.

—¿Has dejado a Alicia? —pregunté.

Abrió la puerta y salió.

Me daba mucha vergüenza mirarle a los ojos, así que simulé que estaba buscando algo en el bolsillo del pantalón.

—Sí Paula, no tiene sentido que siga con ella cuando estoy pensando en ti.

Levanté la mirada, sus ojos estaban clavados en mis labios, y su cuerpo parecía que quería decirme algo, pero no sé bien el qué... se tocaba el brazo, como si tuviese frío e intentará calentarse él mismo. Los pies se balanceaban. Aquello me recordó a un compañero de clase, siempre hacía eso cuando Sor Emilia le sacaba a dictar la oración a la pizarra.

—Pero... ¿Entonces, lo de antes...? En fin, te gusto ¿no? ¿Por qué me rechazaste?

—Porque tú estás con alguien y para mí no eres una más. No quiero un rollo de una noche y que mañana pasees de la mano con tu chico. No me malinterpretes, a mí me encantaría conocerte, pero sé que ahora no es el momento, no así. Quién sabe, quizás, un día... —dice Lucas.

—En realidad, Ian ha vuelto con su ex. Hace días que no sé nada de él, los encontré juntos en el centro comercial y ni siquiera me ha llamado para intentar convencerme de que no era lo que parecía —contesté con la mirada perdida.

Los ojos de Lucas están a la altura de la punta de mi nariz, su brazo derecho rodea mi cintura y con su mano izquierda está colocando un mechoncito que se me ha salido del coletero. Cierro los ojos y siento sus labios sobre los míos, son calientes y esponjosos. Están reconociendo lentamente mi boca, estoy tan nerviosa que parece que de pronto se me ha olvidado cómo se besaba. ¡Parece mi primer beso! ¡Estoy temblando! Retrocedo en el tiempo, soy una chica de quince años en la fiesta de fin de curso dentro del baño del instituto con el último chico de la clase que me habría imaginado estar.

Se abre la puerta y una mujer entra, nos mira y nos ignora con desprecio... La música está retumbando de pronto en aquel cuarto de baño. Eso o es mi corazón que está bailando desatado. Salgo de la mano de Lucas Otxarkoaga, mi enemigo número uno, ex compañero del Rice Events, con el que me acabo de dar un ¡beso! en el cuarto de baño de las bodas de oro de los señores Fernández. Si hubiese bebido diría que estoy muy borracha pero la verdad es que no tengo ninguna excusa. Iba de la mano con alguien que no era Ian y me sentía muy bien.

CAPÍTULO 35

Aquel día no terminó como yo esperaba. Me veía pasando la noche con Lucas y no precisamente durmiendo. Pero... para mi sorpresa después de aquel beso, vinieron otros, pero al terminar la fiesta se despidió de mí y prometió llamarme. Dijo que aún tenía cosas de las que ocuparse, y que quería hacer las cosas bien. ¡Joder con el Señor quiero hacer las cosas bien! ¡Qué plasta! Me quedé con ganas de más. Pero he de reconocer, que me gustó la sensación de quedarme con ganas de más porque era una prueba real de que aquello no era fruto de un subidón sin más... fue la certeza de que aquello que estaba empezando a sentir era real.

Patricia escribió en el grupo que tenía algo muy importante que contarnos. Elisabeth propuso ir a tapear, la idea me pareció de lo más apetecible siempre que pudiera acompañarnos Marina, estaba en casa conmigo y no me apetecía para nada despedirme de ella. Marina parecía más ilusionada que yo con lo que le estaba contando. Escuchaba con detalle todo lo que me había ocurrido en la última semana sin perderse ni un detalle de lo ocurrido, por momentos incluso parecía que me estaba interrogando. Resulta que había tenido una hermana cotilla toda la vida y no me había enterado...
—Pero... ¿Besa bien? Porque me estás diciendo que se encerró en el baño de mujeres por ti, y cuando llegas a la parte del beso me sueltas que te besó y te quedas tan ancha... ¡Ay hija! ¡Dame detalles! ¿Estabas nerviosa? —pregunta Marina.
—¿Nerviosa? ¡Estaba histérica! La verdad es que besa muy bien —le dije.
—Dime la verdad... ¿Besa mejor que el otro?

—No pienso compararlos Marina, lo que tenía con Ian era otra cosa. No lo voy a superar de un día para otro, lo sabes, ¿verdad? Lucas es tan... no sé, es totalmente diferente. Le he odiado durante años, era la última persona de la que me imaginaba que me iba a fijar... Pero de repente empezamos a trabajar juntos y su mirada conseguía que yo apartara la mía ruborizada, y me rozaba para enseñarme algo en el ordenador y notaba como me ponía nerviosa, me traía el café al despacho y me gustaba verlo allí. Descubrí que era divertido en los mails que intercambiamos sin tratarnos de rivales. El día que me cogió en volandas y empezó a darme vueltas por el despacho... me estaba divirtiendo de verdad, mi corazón iba a mil por hora. No sé... te juro que no sé cuándo empecé a verlo diferente, pero... me pasó... y me gustó su beso.

Ian está en mi corazón, soy consciente de que no me conviene, y que el hecho de que haya vuelto a desaparecer es lo mejor que podría haberme pasado. Lo sé... ¿duele? Sí, duele, pero soy consciente de que es lo mejor para mí.

—Peque, Ian es el típico chico malo del que no tienes que enamorarte... Está bien para pasar el rato, para vivir al límite, para aprender posturas nuevas, pero... no puedes llevarte el corazón a esos encuentros. Porque estas personas no saben qué hacer con él ¿sabes? No entienden de amor ni de compromiso, son volátiles, alocados, inmaduros. Juegan a divertirse por placer sin ninguna meta y tú, no sabes jugar a eso. Tú, juegas en otra liga.

No sé si lo he dicho alguna vez, pero... ¡La adoro!

—Gracias por aparecer en mi vida —le digo mientras me limpio las lágrimas que sin permiso ruedan por mis mejillas.
—Pero qué dices boba si llevamos una treintena de años juntas, sólo que yo no me dejaba ver —contestó—. Venga, dúchate y ponte despampanante que al final vamos a llegar tarde, y yo me muero de hambre, querida.

Quedamos en la Plaza Mayor, las chicas tenían ganas de ir a tapear a cualquier terracita, a mí el lugar me daba exactamente igual, me conformaba con tomar el café en La Habana y que me pusieran mi «dulce morenito» y disfrutar de la combinación del bizcocho de galleta con el chocolate negro... Aquello siempre me hacía sentir bien.

El abrazo de Patricia al verme me recordó lo rota que estaba.
—¿Sabes algo de Ian? —preguntó Elisabeth.
—No. —Se adelantó Marina—. Y qué queréis que os diga, mejor así. Paula se merece un chico totalmente diferente a él.
—La verdad es que sí —dijo Patri.
—Cambiemos de tema porfi, no quiero estar pensando en él...
—Tienes razón —dijo Elisabeth—. Yo sigo follando con el mismo. Fin.

Marina tiene los ojos como platos, Lisa pone esa cara de desaprobación. Yo me río de ella cuando lo hace.
—¿Qué tenías que contarnos Patri? —pregunté.

Patri se pone a rebuscar en su bolso y saca dos bolsitas de tela con un lazo amarillo y nos da uno a Elisabeth y otro a mí.
—Tenéis que abrirlo a la vez. ¡Marina ayúdame! Yo grabo a Paula y tú a Elisabeth... ¿Preparadas? —preguntó.
—Joder no sé si abrirlo o tirarlo lejos no vaya a ser que explote —bromeé.
—Venga, no seas tonta, a la de tres lo abrís ¿vale?
Y como una niña con zapatos nuevos, Patri y Marina, cuentan hacia atrás a la vez que nos están grabando. Cinco... cuatro... tres... dos... uno... ¡ya!

Abrí la bolsa y encontré una pulsera de hilo y cuero. Lisa y yo nos estamos mirando fijamente sin entender el misterio, era muy bonita, sí, pero... tampoco era para darle tanto bombo y platillo.
—¿Os gustan? —pregunta Patri.

—Sí, es muy bonita. Gracias… —dice Lisa sin demasiado ímpetu.

Y justo cuando iba a pedirle a Patri que dejara de grabar y me ayudara a ponérmela, giro la pulsera y veo que tiene algo grabado en su interior: "Para mi tía Paula, te quiero".

¡Patricia está embarazada!

Me abalancé sobre ella sin que tuviera tiempo de reacción, llevaba tantos años esperando esa noticia que no podía contener mi emoción. En menos de tres segundos Lisa estaba fundida también en nuestro abrazo, y Marina seguía grabando emocionada.
—Enhorabuena cariño, vas a ser la mejor mamá del mundo —le dice mi hermana, dando por finalizado el mejor vídeo sorpresa de nuestra vida.
—¡Qué contenta estoy! —comenta emocionada Lisa.
—Yo también, felicidades cariño, os lo merecéis, os lo merecéis de verdad ¿Cómo fue? ¿Cómo está Max? ¿Cómo te encuentras? ¡Cuéntanoslo todo! —le avasallo a toda velocidad.
—¿De verdad quieres que te explique cómo fue? —ironiza Elisabeth.
—¡Cállate boba! —río mientras le contesto.
—Estamos muy contentos, pero tengo que reconocer que estoy cagada de miedo, lo veía algo imposible, como muy lejano y ahora que es real me estoy preguntando si sabré hacerlo… —confiesa Patri—. No estoy segura si lo encargamos en las mini vacaciones o fue antes, pero estaba super rara… Había prometido no hacerme ni un solo test de embarazo más, había vetado todas las farmacias del barrio y de medio Cáceres. Me daba vergüenza comprar más test, no pensaba volver a pisar un ginecólogo al menos en un año. Pero últimamente comía sin fin, estaba muy sensible y Max por primera vez en nuestra relación no me soportaba… Estábamos discutiendo mucho y me tomaba las cosas fatal, me estaba volviendo una experta en el duelo drama. Una noche después de una bronca nos fuimos a la cama y Max me preguntó cuánto hacía que no me bajaba la regla. Hacía un par de meses que había dejado de

apuntarlo en el calendario porque me obsesionaba muchísimo el tema, así que no estaba segura.

Al día siguiente Max había pedido cita con el ginecólogo y por primera vez me acompañó. ¡Parecía que lo había presentido! Y nada, me hizo un análisis de sangre que no hubo que esperar a analizar porque cuando me hacía la ecografía apareció un cacahuete en el monitor y latía a toda velocidad. El día más bonito de mi vida. ¡Mirad os he traído la ecografía!

Y allí estábamos, mirando aquella mini foto negra con un montón de letras y números y una «bolita blanca» a un lado de lo que se supone que es el útero de nuestra amiga. Sin duda... ¡El cacahuete más bonito del mundo!

—Que carita de felicidad, casi me estás haciendo plantearme lo de la boda y daros un primito —se burla cariñosamente Lisa.

—Ummmm, no sé yo, tú tienes cara de perrilla, con perdón —le suelta mi hermana con total confianza.

Las risas se expanden rápidamente por toda la terraza.

—Me caías mejor cuando tenías rabo —le suelta.

—No sé por qué no me sorprende, seguro que te ponía tontorrona —replicó.

—¡Haya paz! Estábamos hablando del embarazo de Lisa, no seáis malas perras —les digo.

Marina se pone en pie y levanta la jarra de cerveza.

—Un brindis: ¡Por el huevo kinder! —grita.

Todas reímos y brindamos a la salud de nuestro futuro sobri y de su mamá.

CAPÍTULO 36

La llamada de Lucas interrumpió mi cena. Me resultaba muy raro ver su nombre en la pantalla de mi teléfono.

No nos habíamos vuelto a ver, pero hablábamos cada día. Tenía cosas que hacer, según decía. No imaginaba que entre su lista de quehaceres se encontraba renunciar a su puesto de trabajo en el Rice.

—Hola Paula ¿Qué tal el día?

—Hola, muy bien. Hoy fui con las chicas de tapeo y me han dicho que voy a ser tita. Postiza... pero tita... Patricia está embarazada.

—¿Esa es la que está casada o esa es la otra? —pregunta.

—¿¡La otra!? Jajaja. Uy, no por Dios, esa si se casa será un milagro... no, no, la que está casada —contesto.

—Enhorabuena —contesta escuetamente.

—¿Estás bien? —le pregunto.

—No está siendo fácil —dice—. Estoy un poco raro. No me arrepiento, sé que he hecho lo correcto, pero aun así ha sido duro. Enfrentarme al señor Ramírez, ver a Alicia, cruzarme con las miradas de los compañeros... No sé Paula, yo creo que, aunque no haya dicho nada, la gente ha atado cabos y sabe que es por ti.

—¿Perdón? —le digo—. Repite eso.

—No me he explicado bien. No he renunciado a mi trabajo por ti. Pero no quiero empezar algo contigo y que la gente crea que tú y yo ya estábamos juntos antes de dejar a Alicia, que ella estaba en lo cierto cuando leyó mis mails. No quiero que hablen de ti, no quiero que nadie ni siquiera tenga dudas —me explicó.

—¿Siempre eres así? —pregunto.

—¿Así? ¿Así, cómo?

—Tan bonito... —contesto.

—Wow... No sé qué contestar.

Seguro que estás cansada. Oye... mañana tengo que recoger mis cosas del despacho, pero luego estoy libre ¿Te gustaría que fuéramos a almorzar? —pregunta Lucas.

—No se me ocurre un plan mejor —contesté.

—Mañana reservo mesa y te llamo cuando lo haya organizado. Buenas noches Paula.

—Buenas noches Lucas.

Con lo que me irritaba hablar con él en el Rice y resulta que tenía una voz súper dulce. ¿Siempre era tan amable y respetuoso? Joder, a ratos daba grima que fuese tan correcto... Las chicas se alegraron mucho por mí, dijeron que por primera vez en mucho tiempo se me veía centrada y tranquila. La verdad es que Ian era una bomba de relojería, pero he de confesar que no me había sentido tan viva antes... ni siquiera cuando desaparecía.

Estaba tratando de olvidar esa parte en la que Ian hacía sentirme viva cuando el teléfono volvió a sonar.

— ¿Duermes? —pregunta mi madre.

—No mamá ¿Qué pasa? —contesté.

—Tu hermano está muy raro, me dice que está en Barcelona otra vez porque tiene un curso de diseño gráfico y que no puede hacerlo online. Luego me dice que no viene a la cena porque está con gripe y ahora le vengo llamando toda la semana y no me coge el teléfono. ¿Tú sabes algo de él? Ay hija, es que ya no sé qué pensar... ¿Le hemos hecho algo? —pregunta.

—Mamá ya sabes como es Matías, va a su bola, no te preocupes, seguro que está bien —contesto intentando sonar convincente.

—¡Eres igualita a tu padre! —grita—. Todo con Matías os parece normal, no he visto familia más despreocupada que ésta, yo es que no sé ni para que te llamo.

—Pero mamá, si le hubiese pasado algo, lo sabríamos... Las malas noticias son las que más se expanden —bromeé.

—Eso, preocúpame más —dijo justo antes de colgarme el teléfono.

Igual la broma no era tan graciosa como yo la había imaginado en mi cabeza. Perdí el apetito con tanta llamadita, así que fui a lavarme los dientes. Estaba deseando coger la cama, hacía días que no podía dormir... Mañana pasaría por casa de Marina antes de ir a comer con Lucas, tenía que convencerla para ir a ver a nuestros padres. Mi madre era muy pesada pero no solía equivocarse... A Marina le pasaba algo, y había que contárselo.

El teléfono volvía a sonar.

Escupo la pasta de dientes, salgo a correr hacia el salón y contesto a la llamada sin mirar.
—Lo siento mamá, no ha tenido gracia, mañana llamo a Matías ¿quieres? —le digo.
...

No contesta, solo la oigo respirar. Separo el teléfono de la oreja para asegurarme de que tengo cobertura cuando me doy cuenta con quien estoy hablando.
—¿Qué quieres? —pregunto.
—Ábreme la puerta —dice Ian.

Un escalofrío recorre mi columna vertebral, tengo el estómago encogido y me tiemblan las manos. No contesto, ni abro la puerta, estoy mirando hacia la entrada de mi piso con el teléfono en la mano.

—Ábreme la puerta —dice Ian al otro lado.

La última vez que viví esto despertó a la hija de la vecina. No estaba dispuesta a terminar la noche con la patrulla de la guardia civil, eran las once de la noche y no me parecían horas de montar un jaleo.

Abro el WhatsApp y escribo:

Ian está en la puerta de mi casa (enviado)

Abro la puerta un poco, lo justo para hablar con él y que entienda que no le voy a dejar entrar. Nos miramos durante un minuto, quizás menos, para mí, el minuto más largo de mi vida.

—¿Puedo pasar? —pregunta.

—No ¿Qué quieres? —contesté.

—¿Ya no trabajas en el Rice? He pasado esta mañana por tu oficina.

—No, ¿Qué quieres? —volví a preguntar.

—Tenemos que hablar de lo que ha pasado. ¿Me dejas entrar, por favor? —dice Ian.

—No tengo nada más que hablar contigo. Está todo muy claro.

—¿Ah sí? Me encantaría que me dijeras que es lo que está tan claro. Déjame pasar por favor...

—No insistas, Ian. Eres infiel por naturaleza, eres mentiroso, retorcido, embaucador, eres lo peor que me ha pasado en la vida y estas con la mujer ideal. Porque es igual que tú —le expreso enfadada.

—No digas nada de lo que te puedas arrepentir —me amenaza.

—Tranquilo, no voy a volverme a arrepentir, y ahora si no te importa... Es tarde, y quiero descansar. No vuelvas a llamarme ni a escribirme nunca más —zanjé.

—Ummm esto suena a que ya tienes sustituto ¿me equivoco? No me dejas entrar, no quieres que te lo explique, estás agarrando la puerta con firmeza... ¿Qué me he perdido, Paula?

Y cuando va a hacer amago de entrar en mi casa de un empujón, mi hermana sujeta su chaqueta y lo lleva contra la pared de la vecina.

—¡Vale, vale! Ya me voy, me voy... tranquilas... —dice Ian colocándose la ropa.

—Si vuelvo a verte cerca de mi hermana, te pongo el ojo del color de la pelirroja que te estás follando —dice Marina.

Marina entra en casa y me abraza, estoy temblando. Habíamos hablado mucho de las cosas que vivía con Ian. De la sensación de haberme sentido vigilada porque siempre sabía dónde estaba y con quien. La manía de dejarme notas por todas partes cuando me bloqueaba el chat, esa costumbre suya de presentarse en mi casa sin avisar... A Marina eso no le había gustado mucho, a mí, la verdad, en su día me hacía gracia, pensaba que era porque me quería, pero verlo allí hoy no me había hecho ninguna gracia.

—¿Cómo sabe que estoy conociendo a alguien? —pregunté

—Hermanita... está acostumbrado a estar con varias mujeres a la vez, éste sabe mucho —dice Marina—. Lo ha debido de deducir por tu actitud, en otra ocasión le habrías abierto la puerta y habríais terminado durmiendo juntos.

Tenía razón, era la primera vez que me sentía segura de lo que estaba haciendo, no quería volver a verlo... por mucho que me gustara, y joder si me gustaba. Lo veía tan atractivo, tan desafiante, tan seguro de sí mismo. No iba a ser fácil olvidarme de él, pero lo iba a intentar con todas mis fuerzas. Estaba aliviada teniendo a mi hermana allí, no sé porqué le mandé el mensaje en el último momento, pero me sentía muy afortunada por no estar sola en esos momentos.

Me sentía perdida, sin trabajo, sin Ian, a ratos dudosa con lo de conocer más a Lucas, con una hermana que fue un hermano durante mucho tiempo. A siete meses de ser tía... No sabía por dónde empezar a reorganizar mi vida.

Marina prometió que hablaríamos de ir a casa de nuestros padres en el desayuno, se puso el pijama se acurruco a mí, y me regaló la paz que necesitaba para hacer las paces, por fin, con mi sueño.

CAPÍTULO 37

Lucas estaba en la puerta del Rice esperando al señor Ramírez y a su despechada sobrina.

Laura le había entregado los papeles de su liquidación y le había comunicado que no podía entrar a recoger su despacho hasta que no llegara el jefe. Sentado en el sofá de piel de la recepción aprovechó para mandarme un mensaje y cancelar la comida dado que no sabía el tiempo que le llevaría aquello.

—Buenos días Paula, estoy esperando al Sr. Ramírez, Laura acaba de decirme que no puedo entrar a recoger mi despacho hasta que no esté él. Suena a que me van a dar un sermón. Lamentablemente vamos a tener que dejar lo del almuerzo para otro momento.

—No te preocupes Lucas, nos vemos otro día. Si necesitas hablar luego, llámame.

—¿Y si cenamos y te lo cuento en persona?

—Me parece buena idea, hablamos luego.

Andrés Ramírez y Alicia Ramírez entraron erguidos, tiesos como una vela por la recepción y con un gesto de indiferencia saludaron a Lucas desde la recepción. Se levantó a esperarles.

No terminaba de entender para qué querían que les esperara, ni que fuese a robar un bolígrafo de su despacho, se sentía indignado y desconcertado a partes iguales.

—Buenos días Lucas ¿Puedes pasar un momento por mi despacho por favor? —dijo el señor Ramírez.

—Sólo he venido a recoger mis cosas. Laura ya me ha entregado mis papeles, si no le importa tengo bastante prisa y me gustaría acabar con esto cuanto antes —contestó.

—Lucas —dice Alicia agarrándole del brazo con delicadeza—, por favor, solo será un momento. Mi padrino quiere hablar contigo, y yo también.

Lucas entró resignado en el despacho de Andrés, había perdido la sensación de familiaridad el mismo día que había presentado su carta de renuncia. Andrés le había tratado de usted durante la reunión, y no había mostrado ni un solo ápice de tristeza. Sabía que entrar ahora en el despacho junto con Alicia, era jugar con desventaja. Puede que no sintiera lo mismo por ella, pero no dejaba de ser una persona importante para él, a la que quería y respetaba.

—Cierra la puerta Alicia, sentaros por favor —dice Andrés.

Alicia obedece, y se sienta al lado de Lucas cabizbaja.

—Lucas, Alicia vino a hablar conmigo anoche. Me ha contado la verdad acerca de los emails que le enviaste a la señorita Paula, está muy avergonzada.

—Lo siento cariño, por favor perdóname, me dio un ataque de celos. Siento haber dicho que era ella la que te escribía, podemos arreglarlo Lucas, estoy dispuesta a perdonarte... ha sido una tontería —dice Alicia conteniendo las lágrimas.

—Estoy dispuesto a readmitir a la señorita Márquez si solucionáis las cosas entre vosotros... Lucas, yo necesito una persona como tú, que el día de mañana se haga cargo del Rice, ya sabes que no tuve hijos, Alicia es lo más parecido a una hija que tengo, te necesita —dice Andrés.

—Señor Ramírez, le agradezco muchísimo la propuesta, pero mis sentimientos hacia su ahijada han cambiado, y no voy a volver con ella. Agradezco que contraten de nuevo a Paula Márquez, ya que fue injustamente despedida. Los dos sabemos, que es una gran profesional y merece una disculpa —expuso Lucas.

Alicia se levantó de la silla con rabia y empezó a gritar:

—Lo ves padrino, está enamorado de ella, no era algo pasajero... no quiero a Paula aquí, no la quiero. —Pegó un portazo y salió del despacho enfurecida.

—Lucas, si no arreglas las cosas con Alicia, Paula no podrá trabajar en el Rice... piensa en mi oferta, el lunes quiero una respuesta sobre mi mesa —dictaminó Andrés.

—Lo siento señor Ramírez, voy a recoger mis cosas del despacho, no tengo nada en lo que pensar. —Se levantó y le ofreció la mano.

—Puede salir de mi despacho entonces, no tenemos nada más de que hablar.

Lucas, se levantó, recogió sus cosas del despacho y se despidió sin demasiado ruido de lo que hasta ahora había sido su vida.

Tocaba comenzar de cero, aferrado a lo que su corazón sentía, hacia una nueva vida, con toda la ilusión volcada en Paula Martínez.

CAPÍTULO 38

Había pasado el día preocupada por la reacción del dueño del Rice ante la renuncia de Lucas.

Marina prometió que llamaría a mamá antes de que se acabase el día, no quería desconfiar de mi hermana, sabía que era difícil para ella, pero tenía claro que le mandaría un mensaje recordatorio más tarde.

El grupo de las chicas estaba que echaba humo, Patricia nos había inundado el WhatsApp a fotitos de cosas para el bebé, el cambiador de diferentes colores y formas, la cunita, doscientas cincuenta mil fotos de Pinterest con ideas para adornar el cuarto de nuestro futuro sobrino, y chorrocientas indirectas con el título de "esto me encanta", por si queréis hacer una lista para la fiesta Baby Shower. ¡La madre que la parió! Si faltan mínimo siete meses para eso... ¡la que nos espera!

Necesito un café de esos que despiertan a los muertos en cualquier película de terror, decido bajar al Hollie a desconectar y echarle un vistazo al periódico, tengo que empezar a pensar en mi futuro laboral. Ya había dejado pasar suficientes días como para saber que no iba a haber vuelta atrás y que la renuncia de Lucas no iba a cambiar las cosas por mucho que él tuviese la esperanza de que así era... Miss Cunnilingus no iba a permitir que me paseara por las oficinas como si no hubiese pasado nada, menos, cuando se entere de que esos labios ahora eran míos.

¿Eran míos? Bueno, no lo sé, pero... de momento eran más míos que de ella.

Me planto mis mejores vaqueros, mis tacones, mi moñito a medio hacer y me voy a disfrutar de la compañía de Pedro. Hace mucho que no le hago de rabiar ¡con lo que me gusta!

El Hollie está medio vacío. Hay un camarero nuevo en la barra colocando con miedo la comanda en la bandeja. Parece que no ha cogido una de esas en su vida... le tiemblan las manos, y la rubia de la cocina ya le ha dicho tres veces que ese bocadillo no va ahí. Saludo tímidamente y me siento en una mesa del fondo. El olor a café es anestesiante.
—Buenos días. ¿Qué le pongo? —dice el camarero nuevo.
—Hola, me pones un café con leche en taza grande, la más grande que tengas, un barreño me iría bien —bromeo.
El camarero me mira extrañado y empieza a analizar con la mirada la vajilla que tiene encima de la cafetera.
—No creo que tengamos barreños para el café, señorita —contesta.

Juro que no tenía intención de reírme de él, lo juro, es la típica frase tonta que le digo a los camareros cuando necesito más cafeína de la normal. Lo miro fijamente y me empiezo a reír de mí misma.
—No me hagas caso, es que soy una bromista, tu dile a Pedro que me ponga un café de «esos» ya verás como lo entiende...
—Lo siento, pero Pedro ya no trabaja aquí ¿Cómo quiere el café? —me pregunta ofendido.
—En taza —contesto sorprendida y seria.
—Muy bien. ¿Quiere usted algo más?

«Que vuelva mi camarero favorito y te saques el palo del culo», pensé.
—No, gracias —contesté.

Abro el grupo del WhatsApp y les escribo a las chicas anonadada.
—¡Chicas, chicas, chicas! Estoy en el Hollie, ¿alguna de vosotras sabe dónde cojones está Pedro?

Ninguna de las dos está en línea, cojo el periódico Extremadura y me pongo a buscar en la sección de empleo algún anuncio que me pueda llamar la atención o se adapte a alguna de mis facetas laborales.

De momento lo que más me seduce es un anuncio para una tienda de ropa infantil y una oferta de stripper para una despedida de soltero. ¡Cómo está la cosa! Tendré que hacer una búsqueda un poco más exhaustiva por internet.

Mi nuevo y rancio camarero acaba de dejar mi café en taza estándar en mi mesa y me ha regalado una mueca de estirado en prácticas. Abro el portátil y me conecto a la red del bar, la contraseña que era «lasrevoltosasdelhollie» la había puesto Pedro un día que estuvimos de cervezas en la terraza, en nuestro honor. Intento conectar por tercera vez, pero me da error de contraseña.

—¿Disculpe? —le digo al camarero.

—¿Sí?

—¿Han cambiado la contraseña del Wifi? Me da error todo el tiempo.

—Ja, por supuesto, la anterior no tenía ni pies ni cabeza —contestó con firmeza.

Trago saliva y recojo una a una las palabras que estaban a punto de salir de mi boca como dardos envenenados, que hacen referencia por ejemplo a lo poco que pinta él allí y lo mal que me estaba cayendo ya de antemano.

—Ah... de acuerdo. ¿Y me puede dar la contraseña nueva, por favor? —le digo irritada.

—cafeteriahollie1982 que es la fecha del aniversario de la inauguración del bar de mi padre —contestó.

—¡Ja! Ahora lo entiendo todo —expresé por lo bajini.

—¿Disculpa? —preguntó.

—Que, qué rico está todo —contesté.

No sabía que el dueño del bar tenía un hijo gilipollas. Esto huele a que se ha cansado de estar donde sea que estuviese. Seguramente era modelo de un medicamento en prueba, me lo imagino tipo rata de laboratorio, y ya no servía ni para eso. Y al pobre padre no le ha quedado otra que despedir a nuestro querido Pedro y meter a su hijo aquí.

¡Ojalá se le caigan todas las bandejas durante un mes y se tengan que comprar toda la vajilla nueva!

Nuevo mensaje:

—Deja de mirar así al camarero que lo vas a terminar matando con tu mirada de «rayos láser Pro».

No reconozco el número de teléfono, me pongo a buscar entre las mesas del Hollie y no reconozco a nadie de las personas que están ahí. Observo al camarero, a la rubia de la cocina, y al dueño. Ninguno de ellos ha podido mandarme ese mensaje, es alguien que me conoce, soy tan expresiva que no puedo ocultar cuando algo o alguien me cae mal.

Nuevo mensaje:

— Estas muy sexi cuando te enfadas.

Vuelvo a observar, esta vez a conciencia las personas que están sentadas, mesa a mesa, incluso a la pareja que está cerca de la barra con intención de pagar. Sigo sin reconocer a nadie, me estoy empezando a poner nerviosa.

Memorizo el número con el nombre "X" para ver si su foto me da la respuesta de quien se oculta tras ese número de teléfono, pero no tiene foto ni estado, solo puedo ver que está en línea.

—¿Quién eres? —pregunté.

—¿Quién te gustaría que fuese? —contestó y se desconectó del WhatsApp.

«Joder, estas cosas solo me pasan a mí»

Solté el móvil y seguí en busca de ofertas de trabajo, ignorando por completo a la persona que se estaba divirtiendo a mi costa. Empecé por empresas de trabajo temporal. Me apetecía mucho hacer algo diferente a lo que estaba haciendo hasta ahora, quizá algo más relacionado con la comunicación o la informática. Había trabajado dos años en una academia y se me daba bastante bien escribir, quizá podría dedicarme una temporada a llevar la gestión de alguna página web o de las redes sociales de alguna pequeñita empresa.

Nuevo mensaje:

—Definitivamente me has buscado un sustituto.

Levanté la cabeza intrigada y miré hacia el único lugar donde no había mirado hasta ahora.

Detrás de mí.

CAPÍTULO 39

Marina está en el salón de su casa con el móvil en la mano.
Lleva dándole vueltas al mensaje que le tiene que mandar a nuestra
madre más de media hora.
No encuentra la manera de escribir más excusas para su larga
estancia en cualquier lugar del mundo que no sea Cáceres.
Ya había inventado de todo, incluso había viajado por trabajo varias
veces a Madrid y Barcelona. Había enfermado (también) un par de
veces, incluso había perdido el móvil en una ocasión. No quedaba
nada más sobre la faz de la tierra que fuese posible vivir, ya le
había pasado absolutamente de todo.
«¡Venga chocho que tú puedes! Si has sido capaz de salir del
armario con peluca y tacones puedes llamar a tu madre» pensaba
Marina.

Llamada de Paula:
—¡Te lo prometo! Te prometo que estoy con el móvil en la mano a
punto de llamar a mamá, no me metas presión, ¡coño! —explota mi
hermana antes de que pudiera decir nada.
—Marina, no es eso, ¿estás en casa?
—Sí, todavía sí. Pero tengo una revisión médica a la una. ¿Estás
bien?
—Me acabo de acostar con Ian en la parte trasera de su 4x4 —
contesté.
—¿¡Qué?! ¿¡Qué has hecho Paula!? Mejor nos tomamos un café
donde Toñi, ¿quieres? Nos vemos allí en un cuarto de hora.
—Ok, me parece bien —contesté.

El Rincón de Toñi era bastante tranquilo de mañana y estaba cerca
de la casa de Marina, por lo que me pareció un buen sitio para
hablar de lo que acababa de suceder.

(...)

Cuando giré mi cuerpo 180 grados. Pude ver que el que me mandaba los mensajes en el Hollie desde un número desconocido era Ian. Me levanté de la silla y empecé a recoger mis cosas. Se acercó a mí y agarró mi brazo.

—Por favor Paula, tenemos que hablar. Por favor.

—Ya te dije que no tengo nada más que hablar contigo. Déjame en paz Ian.

—Prometo dejarte en paz, de verdad, lo prometo, pero necesito que me escuches. Solo quiero que hablemos, déjame que te explique qué fue lo que pasó, lo que viste no fue nada, te has montado una película de todo esto, yo estoy solo contigo.

Mi carcajada se hizo sentir en todo el bar.

—Te voy a explicar yo, lo que pasó y la película que vi...
Tú tenías que estar en Madrid en un viaje de negocios, pero estabas sujetándole el zapato a la puta Cenicienta que no hace más que aparecer y desaparecer de tu vida. Y tú y yo no estamos juntos ni lo hemos estado nunca. Tú has jugado a enamorarme y hacerme creer que sentías algo por mí, pero está claro que aquí la única que ha tenido sentimientos hacia alguien, he sido yo. Así que déjame que te diga que tu puta película de relaciones tóxicas y tu rollito de macho Alfa ya me aburre, así que te puedes ir un poquito a tomar por el culo.

Cerré la cremallera del portátil, solté un par de euros encima de la mesa para pagar mi café y salí del Hollie con la cabeza muy alta y las piernas temblorosas.

Antes de girar la esquina en busca de mi coche, Ian volvía a sujetarme del brazo y frenarme de un tirón.

—Te estás equivocando en todo. Crees que eres la única que ha tenido sentimientos hacia mí, pero no es verdad, yo te quiero joder,

¿me oyes? ¡Te quiero! Iba a llegar antes de lo previsto a Cáceres, no te llamé porque Marta me pidió si podía pasar a buscarla a Mérida y la dejaba en el centro comercial. Ha vuelto con su ex, Paula. Yo solo tenía que dejarla allí antes de ir a casa, pero...
—¡Ay, venga ya, ¡por favor! y terminaste de compras con ella porque te has aburrido de tu trabajo y ahora te ofreces como personal shopper. Me aburres Ian.

Seguí caminando hacia mi coche, ya no sentía que él estuviese caminando detrás de mí. Mis piernas empezaban a reaccionar y casi podía caminar tranquila, me sentía incluso aliviada, pues una parte de mí quería saber qué fue lo que había pasado aquel día, tenía que confesar que le daba muchas vueltas a las cosas, demasiadas.

Estaba buscando las llaves de mi coche cuando volvió a aparecer, esta vez dentro de su coche, estaba aparcado en doble fila junto al mío.

Ian salió del coche y me cogió de las manos, yo se las solté en seguida.
—Cariño, te lo prometo, de verdad. Créeme, te estoy diciendo la verdad.

Le miro con indiferencia, fría, con tristeza, el cansancio a la altura de mi pecho, y mis labios cerrados. Deshago el lazo de mis brazos y le hago un gesto con la mano, con la única intención de que se aparte de mi camino y me deje entrar en el coche.

Da un paso hacia atrás y acto seguido una lágrima resbala tímida por la mejilla de un Ian abatido.

Marina me está mirando como si le acabase de contar una peli de ciencia ficción.
—Y vas tú, y te lo crees —sentencia.

—Marina, Ian estaba llorando, parecía sincero, estaba dolido, entristecido, no sé. Sí, parecía real... quiero creer que es real —le digo.

—¡Eso! Ahora lo has dicho, quieres creer que es real pero las dos sabemos Paula que este chico no lo es, que vuestra relación no lo es. Joder cariño, pensé que esto ya estaba más que hablado. ¿Y qué pasa con Lucas? ¿Has pensando en eso? —preguntó.

—No estoy enamorada de Lucas, es un buen chico, y me gusta, me gusta como me trata, como me cuida, pero es que... Ian se acerca y dispara todos mis sentidos. Es como si tuviese la clave con la que destruye mis defensas, mi cuerpo tiembla, mi corazón se agita y mi deseo por él se expande tan fuertemente que puedo sentir como mojo mi ropa interior. Me excita mucho antes de que me toque, solo con el olor que transmite su cuello, es superior a mis fuerzas. No sé cómo explicarlo, pero es así. Cómo puedo luchar contra eso ¿eh? ¿Cómo? ¿Crees que no lo he intentado?

—No lo suficiente —contestó Marina sin oscilación—. ¿Y ahora qué?

—No lo sé, después del sexo, me ha llevado a mi coche y me ha dicho que hablaríamos más tarde... No le he contestado. Me ha venido el bajón por lo que ha pasado y me he bajado del coche sin más... luego te he llamado a ti. Estoy hecha un lío.

Marina me abraza y me aprieta tanto que creo que se le va a salir una prótesis de la camisa.

Me huele el pelo y me da un beso en la frente mientras yo me dejo hacer.

—¿El polvo ha merecido la pena? —me pregunta revoltosa al oído.

—Digamos, que no ha quedado nada en el yogurt que no se haya bebido —contesté.

—¡Tengo una cerda como hermana! —grita mientras me suelta de un empujón.

—Ya somos dos.

CAPÍTULO 40

Tengo tres llamadas perdidas de Lucas, he perdido la cuenta de los WhatsApp a los que no le he respondido, tengo incluso un mail compartido con él y con Isabel Fernández en el que quiere invitarnos a comer como agradecimiento.

Me había escaqueado de la cena con Lucas diciéndole que no me encontraba demasiado bien, creo que lo agradeció, noté que él tampoco. Supongo que Alicia y el señor Ramírez no se lo habían puesto fácil, me contó por encima lo sucedido, pero tuve la sensación de que no me lo estaba contando todo, prometió explicarme con más detalles cuando nos volviéramos a ver.

Ian estaba a punto de llegar, venía decidido a explicarme todo lo que había pasado y con la idea de reiniciar la relación. Pero yo no había pegado ojo aquella noche pensando en Lucas, había perdido la cuenta de las veces que me había arrepentido de lo sucedido. La culpabilidad me estaba matando.

La atracción sexual que sentía por Ian era brutal, pero había estado pensando fríamente en todo lo vivido con él en ese tiempo atrás, y mi estado emocional desde que Ian no estaba en mi vida, y mi paz interior eran más importantes.

Estaba decidida a decirle que no quería seguir viéndole y que era mejor dejar las cosas como estaban.

Suena el timbre y salgo a abrirle la puerta. Está sonriendo con su cautivadora sonrisa, sus perfectos dientes blancos y una botella de Martini Blanco en la mano derecha.

—Te echaba de menos, nena —dice mientras intenta darme un beso que esquivo con dificultad.

—¿Me acabas de hacer la cobra? —pregunta Ian.

Sonrío, cojo la botella de Martini, me retiro de la puerta y le abro paso para que entre en casa.
—Si te haces la estrecha... me pones más.

Suelto la botella y voy a buscar dos vasos de cristal tallado, un par de hielos y unas aceitunas. Coloco el queso y los piquitos en el plato y lo llevo hacia el salón.
Ian está cómodo sentado en el sillón, con el brazo apoyado en el reposacabezas del sofá observando con picardía mis movimientos.
—¿Tienes planes para comer? —pregunta.
—La verdad es que sí —mentí.

Me senté en el sofá lo suficientemente lejos como para no rozarle, pero no tanto como para no poder oler su perfume desde mi posición.
—Pues tú dirás —le digo.

Se estira por el sofá hacia mi posición y se acerca a mis piernas cruzadas a modo de india y apoya su cabeza en el hueco que queda entre ellas.
—Vengo a hablar con ella, creo que el otro día le supo a poco —dice mientras hunde su nariz en mi sexo.

Me estiro hacia atrás ganando distancia, bajo las piernas e inmediatamente las cruzo.
—¿Me lo vas a poner difícil? Pues te advierto, que me estas poniendo muy cachondo con esa actitud —dice acercándose de nuevo a mí.
—No tengo ninguna intención de follar contigo —repliqué.
—Yo tampoco —dice volviendo a arrimarse a mi posición, e intentando separar mis piernas con sus manos.

Estoy tratando de pensar en frío, de recuperar el latido de mi corazón en el hueco que hay para él en mi pecho, y que ahora mismo está en el vértice de mi entrepierna. Respiro lo más despacio que puedo, e ignoro el calor de mis mejillas, creo que me estoy mordiendo el labio, así que cojo los dos vasos de Martini blanco y propongo un brindis.

—¿Por qué quieres que brindemos? Por nuestra reconciliación ¿por ejemplo? —propone.

—¿Qué tal por nuestra amistad? —me atrevo a decir.

Me mira con la ceja levantada y la sonrisa torcida.

—¿Ahora quieres ser mi amiga? —pregunta.

—¿Por qué no?

—Porque hace dos días te estaba comiendo el coño en la parte de atrás de mi coche.

—Bueno... una más, una menos.

Ian se levanta del sofá de un salto, ya no recordaba que sus ojos se llenaban de fuego cuando se cabreaba y no solo cuando me estaba follando.

—¿Cómo se llama? —preguntó.

—¿Quién?

—No te hagas la tonta conmigo. ¿Cómo se llama? —preguntó de nuevo Ian.

—No sé de qué me estás hablando, ni por qué te pones así, es lo mismo que haces tú, ¿no? Somos amigos, y si conocemos a alguien pues no tenemos por qué decir que no, y si tenemos la oportunidad de irnos juntos a la cama, pues tampoco tenemos por qué decir que no, ¿no?

—¡No te reconozco! —grita.

—Bueno, jugábamos en distintas ligas, te propongo jugar a lo mismo, para estar en igualdad de condiciones...

—¿Amigos? ¿Liga? Creo que quien sea, te ha llenado la cabeza de pajaritos.

—O me ha abierto la puerta de la jaula en la que estaba... Mira Ian, lo que pasó el otro día fue un error. Quizá sea cierto y Marta no tenía modo de venir de Mérida a Cáceres. Y quizá el chico con el que volvió se retrasó y por eso terminaste yendo de compras con ella, no lo sé... pero tampoco quiero saberlo, porque, de todos modos, no te voy a creer. El problema es que me has mentido tantas veces, has desaparecido y aparecido tantas otras que ya cualquier cosa que pudiera pasar entre nosotros, cualquier malentendido provocará la reaparición de la bomba de Hiroshima. Y yo tengo ganas de ser feliz, vivir en paz y que el amor sea del bueno, del que se siente, del que te hace crecer, y esto que tu vendes, no es amor.

—Ah... muy bien ¿Y él, se llama? —pregunta ignorando por completo toda mi declaración sincera.

—Vete.

Ian coge lo que queda de Martini en su vaso, se lo bebe de un trago, me mira con rabia, y se va.

CAPÍTULO 41

Elisabeth y Míster Ken nos están esperando en la rotonda del Eroski, hemos quedado para comer por primera vez los seis. Lucas conduce su coche, decidí no contarle nada de lo sucedido, y él olvidó contarme que, de haber vuelto con Alicia Ramírez, yo recuperaría mi trabajo.

Mientras tanto, Marina no se ha atrevido a hablar con mi madre, y no se imagina siendo ella misma sin mí. Está muy deprimida. Hablé con ella de camino al supermercado. Al colgar recibí un mensaje suyo que decía:

—¿Alguna vez podré ser feliz?
—¡Claro que sí! —le contesté.

Lucas conduce con suavidad, es delicado y elegante. Coge las curvas con tanta perfección que por el momento parece que levitamos en una alfombra mágica.
Me encanta jugar con los dedos de su mano. Sus dedos están entrelazados con los míos. No suelta mi mano ni para coger la palanca de cambios. Cuando lo hace, siento como afloja sus dedos de los míos y apoya con suavidad mi mano en la palanca, para meter la marcha.
—Pero suéltame para hacer esto —sonrío.
—No quiero, me gusta conducir contigo, me gusta sentirte. Quiero disfrutar de cada centímetro de tu piel. Y que me emocione tocar tus manos como si fuese cada día la primera vez que lo hago. Así quiero hacerlo todo contigo, siempre pegadita a mi —dice mientras

acaricia mi mano aprovechando que estamos en un semáforo en rojo.

Se pone en verde y seguimos embelesados en ese momento efímero que rompen a golpe de claxon el coche que viene detrás de nosotros. Patri y Max se ríen de su gamberrada desde su coche. ¡Qué bien le sienta el embarazo! Está más guapa que nunca. Creo que Max ha engordado diez kilos de orgullo y satisfacción.

Visualizados todos los coches, nos movemos camino a Malpartida. Me encanta el camino de acceso al restaurante Museo Vostell.

Los parajes de los Barruecos, en este pueblecito de Cáceres, son espectaculares. Siempre me había gustado observar el contraste de colores de los árboles altos y verdes con la zona rocosa entre grises y verde musgo. Los Barruecos huelen a paz, a calma, a vida. Adoro el momento en el que las cigüeñas construyen sus nidos en esos altísimos palos habilitados para ellas, que hacen seguro el tiempo de incubación y el cuidado de sus crías.

¿Desde cuándo sabía que la custodia de los huevos es compartida? Tanto la hembra como el macho se encargan de incubar los huevos. ¡Me encanta! ¡Trabajo en equipo! Como tiene que ser... Otra de las curiosidades que hacían que me fascinasen las cigüeñas era lo romántico que me parecía que la hembra siempre volviese al mismo nido a tener a sus crías, quizá de ahí venga el síndrome del nido vacío cuando un hijo se independiza.

—Ya hemos llegado —Lucas me devuelve al coche, dejando a un lado mis pensamientos.

—¿Tendremos tiempo de visitar el museo luego? —pregunto.

—Haremos que haya tiempo —dice para complacerme, el chico que me lleva de la mano.

—Me malcrías, podría acostumbrarme. —Amenazo mientras sonrío con complicidad.

—Esa es la idea.

Lucas sujeta mi rostro con delicadeza, observa detenidamente mis ojos y me besa con dulzura. Consigue que mi mente vuele, y mi piel se erice, tengo tantas ganas de descubrir su cuerpo, sus caricias, sus embestidas que conseguí sonrojarme con la idea de que pronto se haría realidad. No habíamos dado el paso aún, pero intuía que ambos nos moríamos de ganas por lo mucho que me aprieta hacia él cuando me besa y lo mucho que le dejo yo.

Si no fuese porque tenemos que entrar al restaurante con los demás, estaría desnudándolo en el cuarto de baño del museo.

—Vamos tortolitos, que me muero de hambre —dice Patri.

—¡Claro, como tú ya estás embarazada... pues para qué mantener la llama viva! —recrimina Lisa burlona.

—¡Ey! Calla víbora que mi mujer está incontrolable, ya no doy abasto. Me tiene exprimido —dice Máximo.

Las risas inundaban el restaurante.

Una camarera muy risueña y simpática vino a cogernos nota de lo que queríamos comer cada uno de nosotros y nos daba cuerda para que las risas no cesaran.

—Tráenos un par de platos de paté de la casa, un par de tablas de jamón ibérico y queso curado de Moran Piris y cochinillo con verduras y patatas al horno —dice Joaquín como portavoz del grupo.

—¿Puedo aconsejarles el vino? —preguntó la camarera feliz.

—¡Claro! Pero que sea bueno, que tenemos algo importante que celebrar —contestó él.

Nos miramos entre nosotros, Lisa le acaba de dar un golpecito a Joaquín en la espalda del tipo: "¡Cállate un rato!" Patricia me está mirando misteriosa, me encojo de hombros como respuesta...

—¿Qué crees que será? —susurra Lucas.

Cada vez que siento su aliento en el cuello siento como un trueno rompe en mi oído y me encojo.

—No lo sé.

La comida fue amena, divertida y como mínimo curiosa... Patricia y Max confiesan que están aterrados con la llegada del bebe. ¡Lógico! Qué padres primerizos no lo estarán, seguro que les pasa a todos...

Joaquín no pierde un segundo en desviar la mirada de Elisabeth, yo creo que, si pudiese, ella sería el postre de esta comida. Me la imagino despatarrada encima de la mesa devorada por Míster Ken y me entra la risa.

—Así que, ¿tú eres el capullo enemigo uno de mi amiga Paula? —Suelta Lisa como si nada señalando con la barbilla a Lucas que cambia de color como el semáforo que pasa de verde a rojo sin pasar por el ámbar.

—¿Capullo? —pregunta mirándome fijamente.

Después de fusilar a la bocazas de mi revoltosa amiga con los ojos, le doy un piquito como tregua.

—Ya sabes lo que dicen, los que se pelean se desean, ¿no? —sonaba menos infantil en mi cabeza.

Las risas vuelven a inundar el restaurante, solo que esta vez se ríen todos de mí. Patri y Lisa me hacen burlas y repiten una y otra vez mi célebre frase del día con diferentes voces infantiles.

Qué odiosas son cuando quieren. ¡Las adoro!

Es extraño, parece que siempre hayamos estado los seis juntos, Joaquín y Lucas hacen muy buenas migas, hablan de negocios y coches caros, Max lleva tanto con nosotras que hace años que es una más. Estamos los cuatro marujeando sobre cositas de nuestro futuro sobrino.

La camarera trae otra botella de vino y una botella de agua para la embarazada. Joaquín se levanta y va a buscar a Lisa, vuelven a su sitio juntos y con la copa llena y una cucharilla de las del café se pone a dar golpecitos e interrumpe nuestra conversación.

—¿Lo anuncias tú? —pregunta Ken a su Barbie.

—¿Quieres que suene bonito y romántico?

—¡Mejor cuéntanoslo tú! —le digo.

—¡Elisabeth y yo vamos a casarnos! —dice ilusionado mientras abraza a mi amiga que tiene cara de susto y felicidad mezclada con una pizca de una emoción recientemente descubierta: la vergüenza.

Patricia y yo salimos corriendo a abrazar a la novia, Max y Lucas están dándole la mano a Joaquín, esperando el turno de felicitar a la novia del mismo modo.

Elisabeth nos suelta y se lanza a los brazos de los chicos mientras grita:

—¡Achucharme coño, qué mano ni qué mano, abrazarme fuerte que se me acaba el chollo!

No éramos los únicos en el restaurante que reían con la ocurrencia de nuestra amiga.

No me podía creer que fuese a casarse, estaba emocionada por ella, al fin asentaría la cabeza y empezaría una nueva vida, más serena, tranquila. Joder, Joaquín debe ser muy bueno bajo las sábanas porque jamás la había visto tan segura de lo que iba a hacer.

—¡Que te casas amiga! —le dije mientras nos despedíamos.

—¡Sorprendente, pero cierto! Yo que pensaba que iba a ser la vieja verde del grupo y mira.

—No nos engañemos querida, vas a seguir siendo verde —dice Patricia, mientras nos fundimos en otro abrazo.

El museo acababa de cerrar sus puertas por lo que prometimos volver y disfrutar otro día de los Barruecos en petit comité.

—Tienes unos amigos muy divertidos, aunque me hayan llamado capullo. —Bromea Lucas.

—Perdónala, Elisabeth está zumbada la pobre, también ha dicho que se va a casar, ¿ves? no sabe lo que dice ni lo que hace.

—¿Te gustaría venir a casa? —preguntó.

—Pensé que no me lo pedirías nunca —contesté.

CAPÍTULO 42

Lucas vive en un precioso adosado en la urbanización La Mejostilla. El lugar es muy tranquilo.

Dejamos el coche en el interior del garaje y entramos por la puerta que comunica el patio interior de la casa con la puerta del salón. Está todo impoluto y excesivamente ordenado. El salón tiene un arco a modo de ventanal que da lugar a una cocina con una isla en el medio y una nevera americana más grande que mi comedor. Todo está decorado en blanco y negro, hay varios cuadros con fotografías antiguas, creo que la mujer que se ve sentada en las escaleras de un patio exterior rodeada de macetas con diferentes flores es su madre, tienen la misma sonrisa.

—Ella es mi madre —señala el cuadro que estoy observando y sonríe.

—Tienes su sonrisa, es muy guapa —le digo.

—Sí, lo era. Era la mujer más guapa del mundo, siempre estaba sonriendo, canturreaba todo el día.

—Lo siento, no sabía...

—Tranquila, yo era muy niño. Ya no me acuerdo mucho de su olor, o de su cara si no veo las fotos, pero hay una cosa que nunca voy a olvidar, y es su voz. Cantaba muy bien —dice orgulloso.

— Ah, ¿sí?. ¿Y has heredado sus cuerdas vocales? —pregunto mientras le abrazo fuerte.

—Por desgracia no.

—Y este hombre tan apuesto de esta otra foto rodeado de instrumentos musicales... ¿Es tu padre? —pregunté.

—Sí, él es mi padre. Era músico, su vida entera la pasó rodeado de artistas, instrumentos y focos. Componía, tocaba y ayudaba a otros cantautores a darse a conocer. Era un hombre muy comprometido con la industria musical.

—Estoy segura de que hacían un buen equipo.

—Sí, él tocaba para nosotros muchas veces, ella le acompañaba con su voz, y yo observaba aquella escena pensando que de mayor iba a ser como ellos.

Lucas tomó mi mano y me llevó a una sala llena de libros, fotografías antiguas de diferentes cantantes, vinilos y cedés. En la esquina de la sala había un antiguo gramófono y una pequeña mesa de diseño con dos sofás individuales. La colección de vinilos era alucinante: Elvis Presley, Elton John, Brian Eno, Ana Belén, Mocedades, Raphael, Camilo Sesto y un sinfín de artistas de los años 70. Algunos de los discos aún estaban precintados, se notaba que era muy cuidadoso y que los custodiaba con recelo. Intuí que eran parte de la herencia de su padre.

Coloca un vinilo con suma delicadeza en la gramola, baja la aguja y el disco empieza a girar... tras dos o tres segundos Aretha Franklin inunda la sala con su maravillosa voz cantando "You send me". Abre el minibar, coge dos copas y sirve un poco de vino blanco mientras me invita a probar el comodísimo sofá de piel. Tiene su mano derecha apoyada en mi pierna, acaricia mi rodilla y desciende hasta el interior de mis muslos con lentos movimientos de vaivén. Cierra los ojos y canturrea a media voz, su cabeza se balancea al compás de la música Soul, le da un trago a su copa, se levanta y me invita a bailar pegado a él.

You, you send me
Darling, you send me
Darling, you send me
Honest you do, honest you did,
you know you did
You know you do now

El estribillo se repite mientras Lucas baja su mano a la altura de mis nalgas, aprieta mi glúteo contra su miembro y se frota contra mi pubis, arriba y abajo, arriba y abajo una y otra vez mientras me besa con deseo. Me pide permiso con la mirada y sin pronunciar palabra nos desnudamos. Primero cae al suelo la americana, luego mi camisa, hunde su cabeza entre mi puntiagudo pecho y tiemblo, haciendo juego con el resto de mi cuerpo que anda pidiendo a gritos que me haga suya. Desabrocha mi sujetador liberando la presión de mis pezones. Recorre con su lengua la aureola y la saborea con delicadeza antes de succionarla con deseo. Mis manos desatan el botón de su pantalón, ansiosa por sentir el calor de su entrepierna. Su pene asoma por el filo de la ropa interior, acaricio circularmente su glande haciendo que Lucas se encoja. Bajo el pantalón con los dedos de mis pies y me agacho por debajo de su ombligo.

Sus manos recorren mi espalda desnuda, el calor es insoportable, bajo su ropa interior y lamo su pene desde el nacimiento hasta la punta, lentamente.

—¡Joder! —dijo sorprendido.

Alzo la mirada y le sonrío divertida a la vez que repito el movimiento; solo que esta vez, separo mis labios y lo apreso dentro de mi boca. Repito lentamente, de principio a fin, una, tres, cinco ¡diez veces! Cada vez más intensamente, dejando que su virilidad roce mi garganta y Lucas enloquezca de placer. Agarra mi cabeza, se estremece y me dirige a su boca.

—Para, que no puedo más.

—Disfruta —le digo mientras intento bajar de nuevo a disfrutar de mi conquista. Pero vuelve a frenarme en seco y al ritmo de la canción «Think» me lleva en brazos hasta su habitación. Recorre mis piernas, observando todas y cada una de mis imperfecciones perfectamente expuestas para él, agarra mis tobillos y besa los dedos de mi pie. Lame el interior de mi pierna y besa mi sexo. Sus manos han decidido darles una tregua a mis senos y juegan a buscar algo en el interior de mi vagina, uno, dos, tres, y ¡Zas! Encuentra un hueco perfecto entre los músculos de mi interior dando pie a una batalla donde sin error a equivocarme, gane quien gane... saldré ganando seguro.

Levanta la mirada y me encuentra sin permiso observando con detalle lo que está haciendo. Se levanta y me regala un beso y una sonrisa.

—No me creo que estemos aquí...

Desvía la mirada y me sonrojo. Abrazo su espalda, lo giro para sentarme encima de su erecta espada y me dejo caer.

Aquellas tímidas embestidas terminan moviendo la cama hasta dejar caer el cabecero de un lado y estallar sudados entre risas y gemidos.

—Pero ¿Quién eres tú? —preguntó él.

—¿Y tú? ¿Dónde estabas? —pregunté como respuesta.

—Buscándote —contestó.

Se inclinó y me besó con dulzura.

Nos dejamos caer en la cama, pegados piel con piel y escuchando la música de Aretha de fondo que dio lugar a un estado de paz y relajación absoluta. Algo se había depositado en mi corazón en aquel momento y prometía florecer. Creo que se llama amor, aunque no sepa cómo se pronuncia.

You better think (think)
Think about what you're
trying to do to me
Yeah, think (think, think)
Let your mind go,
let yourself be free

Oh, freedom (freedom)
Freedom (freedom)
Freedom, yeah freedom
Freedom (freedom)
Freedom (freedom)
Freedom, ooh freedom

¿En qué momento le di permiso para adentrarse en mi vida?
Y abrazada a él, desvanecí.

CAPÍTULO 43

El mail de Isabel Fernández era una invitación para comer cerca de su despacho. Lucas sale del baño y me da un beso en la nariz. Está guapísimo con ese traje, estoy pensando que utilizaré esa corbata en nuestro próximo encuentro sexual, a lo Christian Grey.
—¿Preparada?
—¿Para qué? —contesté preguntando.
—Para llegar al restaurante de mi mano y pasar una velada amena y divertida con nuestra mejor clienta.
—¡Querrás decir última clienta! —puntualicé.

Se acerca con su mejor sonrisa y me besa lentamente. Me abraza con fuerza y seguridad, y entro en un estado de paz absoluto, no sé si lo he dicho ya, pero adoro el olor de su piel. Cuando me abraza hundo mi nariz en su cuello e inhalo su perfume. Es lo más confortable que he experimentado en mucho tiempo.
—Estás preciosa con ese vestido de flores y tu pelo al viento —dice mientras repite su beso en mi nariz.

Isabel está sentada ya en la mesa, nos saluda efusivamente y hace un gesto divertido dando por aprobada nuestra relación con su sonrisa.
—¡Madre mía! ¡Enhorabuena! Veo que la boda de mis padres ha sido fructuosa. Hacéis muy buena pareja chicos, estoy muy contenta —dice mientras nos abraza.
—Gracias Isabel —contesté tímidamente.
—Isabel, queríamos agradecerte la invitación, no era necesario, pero se agradece de corazón —dice Lucas.

Tomamos asiento y el camarero nos trae la carta. Isabel ha pedido vino y ella misma nos sirve.

—En realidad, no solo es una comida de agradecimiento chicos, os he reunido aquí porque me gustaría hablar con vosotros de negocios.

Lucas y yo nos miramos sorprendidos.

—¡¿Ah sí?! Esto sí que es una sorpresa... Pues, tú dirás Isabel, ¿en qué podemos ayudarte Paula y yo?

Lucas agarra mi mano con fuerza y me regala una sonrisa de complicidad. Se la devuelvo automáticamente, me mira y asiente. Sé con total seguridad que en ese gesto Lucas está diciendo en silencio que estamos juntos en esto. Me siento segura con él en todos los sentidos. Por primera vez en mucho tiempo no tengo ni la menor duda de que sea lo que sea lo que nos van a proponer, lo haremos bien. Habíamos aprendido a trabajar en equipo. Tenía que reconocer, que ambos éramos muy meticulosos y perfeccionistas en nuestro trabajo.

—Mi familia y yo estamos muy agradecidos con vuestro trabajo. Se nota que lo hacéis por vocación y que le ponéis empeño. Hace meses que le doy vueltas al tema. El año pasado recibí una herencia por parte de mi abuelo, reformé los despachos del bufete y tengo unos ahorros que me gustaría invertir con vosotros.

—¿Con nosotros? —decimos casi al unísono.

—Sí, con vosotros ¿queréis saber de qué va? ¿estáis preparados? —pregunta divertida—. ¡Quiero abrir una empresa para organizar eventos!

Estoy mirando a Isabel sorprendida y helada. Lucas ha apretado ligeramente mi mano, no sé si para que reaccione o porque ha sufrido un espasmo involuntario.

—¿En serio? —consigo decir.

—¡Sí! ¿No os gustaría trabajar conmigo? A ver... yo no tengo ni idea de organizar nada, a la vista está que contraté a Rice Events para que se ocupara de todo, pero puedo llevar el tema financiero, el legal y el papeleo del personal ya que cuento con mi propio departamento de recursos humanos en el bufete. Necesito vuestra experiencia, vuestro toque personal, vuestro punto de vista, vuestra profesionalidad para el resto. ¡Estoy segura de que haríamos un equipo perfecto! Bueno, que... ¿qué me decís?

—La verdad Isabel, no sé qué decir, la propuesta es como mínimo sorprendente e interesante, pero... no sé qué planes tiene Paula profesionalmente hablando. Me encanta la idea y trabajar con ambas sería muy especial. Pero, yo me enfrentaría a hacerle la competencia directamente a mi ex y su familia. No sé si sería ético —contestó a la vez que soltaba lentamente mi mano.

—¿Hay algo de ético en lo que le han hecho a Paula? —preguntó Isabel.

Me levanté y me fui directa al baño, de repente tenía unas ganas inmensas de llorar. En Rice Events habían sido jodidamente injustos conmigo, aunque en el fondo me hubiesen hecho un favor, y pasados los días hubiese sentido una enorme liberación laboral. Hacía tiempo que quería cambiar de aires y no me atrevía a dar el paso.

No estaba disgustada por la reacción de Lucas, eso decía mucho de él, era una persona íntegra y legal, sin embargo, una parte de mí se estaba sintiendo desprotegida, y no me parecía justo.

Sequé mis lágrimas, respiré y salí de nuevo hacia la mesa, Lucas no estaba allí.

—Lo siento, no me encuentro muy bien. —Me disculpé—. ¿Dónde está Lucas?

—Ha salido a hablar por teléfono. Lo siento Paula, no pretendía poneros en esta situación, os prometo que mi intención ha sido buena —contestó Isabel entristecida.

Lucas entra en el comedor y me dedica una sonrisa a media asta.

—Paula, por favor no me malinterpretes. No hay nada ahora mismo que me haga mayor ilusión que iniciar un proyecto contigo, además de una vida, pero entiéndeme, entenderme las dos, para mí es un poco incómodo que la familia de Alicia crea que primero la engañé y ahora los traiciono.

—Cuenta conmigo Isabel, yo me subo —le dije, mientras empecé a comer de mi plato como si nada.

—¿De verdad? —Se sorprende Isabel.

—¿Y por qué no?

—¡Qué bien Paula! Vamos a hacer un buen equipo, estoy segura. Lucas, si cambias de opinión, siempre vas a ser bienvenido. No tienes que cerrarlo ahora, puedes consultarlo con Paula.

—O con la almohada —añadí.

El ambiente fue bajando de intensidad y la conversación dejaba de ser tensa a medida que el vino iba llegando a todos los rincones de nuestro organismo. Llegada la hora del postre ya bromeábamos acerca del nombre de la nueva empresa.

—«Paula y el anonimato». —Propone Isabel—. Así Lucas puede trabajar con nosotras en la sombra.

Ríe a carcajadas.

—No, no, ya lo tengo: «Los ángeles de Lu» —dice Lucas divertido—, yo siempre quise ser Charlie. Venga darme la oportunidad, aunque sea por fardar de mujeres.

—¡De eso nada! —protesto—. Si tú no estás en el equipo no puedes aparecer en el nombre de la empresa, me niego...

Agarra mi mano, se la lleva a la boca y la besa con sentimiento de culpa y, a la vez, de alivio al sentir que entiendo su decisión y lo apoyo. Pero no estoy segura de si es así, siento un resquemor por dentro, que está difuminado por el alcohol que llevo en sangre... No porque no me duela no poder llevar a cabo este proyecto con él. Decidí no romper el momento y le sonreí como respuesta.

—¡Se me cae la baba viéndoos! Definitivamente hacéis una pareja preciosa —dijo Isabel alzando su copa.

Después del brindis, nos despedimos y quedamos en poner todo en marcha en una semana.

Isabel tenía que hablar con sus padres para que le cedieran una antigua oficina de las que eran propietarios dentro de la galería de Cánovas. De cedernos el despacho, en una semana nos reuniríamos de nuevo para la presentación de la empresa, así como para exponer todas las ideas que tenía e iniciar la selección del personal.

Con un poco de vértigo, no sé si por culpa del vino o porque me hacía consciente de lo que había aceptado, nos despedimos de Isabel y nos montamos en el coche. Lucas me dejaba en casa, con un beso en la nariz de despedida y un «esta noche hablamos de lo sucedido» como chupito digestivo.

CAPÍTULO 44

—No, no, no Paula, no me puedes dejar sola esta noche ¡lo prometiste! ¡Lo prometiste joder! —grita Marina al otro lado del teléfono.

—Lo sé nena, pero te estoy diciendo que después de la comida con Isabel no he visto a Lucas, lo noto distante y he quedado con él para cenar hoy, lo siento, olvidé que era esta noche... llama a mamá y cambia la cena.

—¿Estás loca? Llevo meses dándole largas, no puedo cambiarlo más Paula... Joder, te necesito.

—Está bien, dame un ratito y te llamo, ¿vale? Voy a hablar con Lucas—. Cedí

—Lo siento nena, perdóname por joderte la noche, pero no puedo hacerlo sin ti, de verdad que no puedo —dijo Marina preocupada.

Le dije a Lucas que me dolía la cabeza. Los dos habíamos dormido poco la noche anterior y el vino del medio día había terminado de rematarme. Había intentado descansar un poco pero no conseguía quitarme la propuesta de Isabel de la cabeza. Cuando llamé a Lucas, yo no estaba muy habladora y él no estaba muy receptivo por lo que ninguno de los dos forzó el encuentro ni tampoco la conversación.

—Hola Lucas ¿Cómo estás? Sé que habíamos quedado para cenar, pero tenemos que posponerlo, había olvidado que tengo una cena familiar hoy. —Solté a bocajarro.

—Vale, no pasa nada. En realidad, iba un poco justo de tiempo... No quiero que te preocupes, pero he quedado para hablar con Alicia.

Hay un incómodo silencio y durante un minuto ninguno de los dos dice nada.

—No sé qué quiere contarme, pero dice que es importante... —dice por fin Lucas.

—¿Crees que va a volver a hacerte chantaje emocional? —pregunté.

—Le he dejado claro que no tenemos nada de qué hablar si el tema gira alrededor de nosotros, pero insiste diciendo que esta vez es importante.

—Está bien, si necesitas hablar luego, llámame... siento si he cambiado los planes en el último momento... no quiero que pienses que estoy molesta por tu reacción, quería decirte que en el fondo...

—Déjalo Paula—. Me interrumpe Lucas—. Entiendo tu reacción y te pido disculpas si fui muy cortante, hablaremos de eso en persona ¿vale? No quiero malentendidos entre nosotros, no quiero sentirte lejos ni que mis actos te hagan daño, ese no es mi propósito contigo.

—Lucas, yo...

—Hablamos luego —dijo y colgó.

Solté el teléfono y sentí que me gustaba más de lo que creía. Tenía una presión en el pecho, miedo a que volviera con ella, las inseguridades que Ian había sembrado en mí día a día florecían de golpe en ese instante, y como por arte de magia empecé a sentirme pequeñita.

¿Nadie va a apostar por mí?

Marina abre la puerta de su piso, está vestida con unos vaqueros de tiro alto y una blusa ceñida. Los zapatos de cuña le regalan unos seis centímetros más, lo que hace que sus maravillosas y largas piernas parezcan aún más kilométricas de lo normal. Tiene el rostro congelado, como si llevara una hora viviendo en un iglú y apenas gesticula cuando me ve.

—Hola, pasa —dice mustia.

Juan está sentado en el sofá con los brazos cruzados y un tembleque en las piernas, bueno, en realidad... solo tiene el tic en una de ellas, me está poniendo de los nervios; ¡con lo tranquilo que es siempre! me resulta estresante verle así.

—¡Ey! venga, que todo va a ir bien —miento.

—Le he dicho a tu hermana que yo iría vestido de Matías, pero no le ha hecho ni puta gracia y se ha llevado un disgusto importante... Lo siento Paula, solo intento que sea lo menos violento posible para ella, para tus padres, bueno... para todos. No quiero que sufra, me duele mucho verla mal. Lleva días que apenas come y no duerme nada...

—¡Qué ya no soy una niña! Te lo he dicho mil veces —grita mi hermana desde el baño.

—¿Lo ves? Está insoportable, y lo peor de todo es que me hace sentir fatal... —dice mientras se levanta del sofá, agarra su chaqueta y se va de casa.

—Marina, sal del baño. Qué manía con encerrarte en el baño cada vez que estas mal... Venga sal, Juan se ha ido. Estamos solas.

—No me entendéis, decís que sí pero no es cierto. ¿Qué soluciono yendo a casa de papá vestido de hombre? Si ese no soy yo. ¡No soy yo! No quiero disfrazarme más, me niego. —Llora tras la puerta.

—Ábreme por favor —insisto sin éxito—. No tienes que disfrazarte Marina, esa preciosa chica que me acaba de abrir la puerta eres tú, y esa es la mujer que le vamos a mostrar a nuestros padres, estoy aquí, ¿no? Pues sal, que nos vamos.

Abrió la puerta. Parecía un cuadro de Picasso. Su rostro estaba enrojecido y su maquillaje se había corrido por completo. Las lágrimas habían destrozado el eyeliner. Se limpiaba los mocos en la mano, y tenía un aspecto demasiado infantil como para ser la mujer que iba a enfrentarse al mundo esa misma noche.

—Vamos a arreglar este desastre anda, y lávate las manos, que las tienes llenas de mocos ¡marrana! —digo mientras la siento en el inodoro. —¿Eres un bebé o eres una mujer valiente? Dímelo porque yo paso de llevarte de la manita y cambiarte los pañales, ¿vale? La mujer que yo conozco es valiente, decidida, y tiene un par de ovarios que hacen juego con el pedazo de tetas que se ha puesto en Barcelona... Así que venga, espabila, deja de llorar y vamos a casa de papá a comernos el postre con las manos.

Cuando Marina me abraza me tiemblan hasta las pestañas, yo no podía demostrarlo, pero estaba igual de nerviosa que ella. Me daba pánico la reacción de nuestros padres. Con el maquillaje nuevo y una coleta alta, Marina sale brillando más que nunca y con la autoestima por las nubes. Creo que el discurso ha servido de algo, cogemos las llaves y bajamos por el ascensor.

—¿Y si no lo aceptan? —pregunta mientras se mira en el espejo del elevador.

—Entonces habrán perdido dos hijas. Papá tendrá que aguantar él solito a tu madre y se divorciaran en menos de un mes... No creo que estén preparados para todo eso —bromeé.

Me empujó, sonrío y la abracé de nuevo. Ya no había marcha atrás íbamos a casa de nuestros padres en mi coche, habíamos confirmado la asistencia. Era el momento.

Marina respira con los ojos cerrados, me aprieta la mano y llama a la puerta. Nuestra madre abre con el trapo de la cocina en la mano y me mira a mi directamente.

—Pasad —dice mientras entra corriendo en la cocina—, perdonad, pero se me quema la verdura si no lo dejo de menear...

Marina y yo entramos, nos miramos nerviosas casi sin respirar, sin saber qué hacer, como si de repente fuésemos dos desconocidas en aquella casa. Le doy un pequeño empujón y la mando hacía la cocina. Ella hace presión y se queda plantada donde está, no tengo fuerzas para llevarla arrastrando, así que le hago un gesto con la cabeza para que se siente en el sofá... No hay rastro de nuestro padre.

—Hija, tendrías que haberme dicho que traías a una amiga. Menos mal que siempre cocino de más, ahora salgo y me la presentas, voy a apagar el fuego —nos dice mamá desde la cocina.

No contesté, miré a Marina y le hice el gesto de que se relajara con las manos. Está frotándose las manos con tanta intensidad que va a provocar un incendio de un momento a otro. Agarró su brazo y separó sus manos intentando evitar que le salga humo... La puerta de casa se abre y entra el señor Luis Márquez, o sea nuestro padre, con dos barras de pan en las manos. Marina da un respingo, mi padre nos mira y las barras de pan caen al suelo automáticamente.
—Perdona eh, es que se me quemaba la verdura, e hija... me da una rabia que se me queme la comida ¡qué no lo sabes tú bien! A ver Paula; preséntame a tu amiga. ¡Uy! Que bien ya está aquí papá con el pan, ya solo falta tu hermano —dice a toda velocidad la única persona de la casa que no ha reconocido a su hijo.
—¿Qué coño significa esto? ¿Estás tonto? ¿Por qué vas vestido así? —dice mi padre.

Marina hace amago de salir corriendo, pero la agarro con fuerza de la coleta.
—i¿¿Matías, ¿i¿hijo?!?! Pero, ¿qué haces? ¿Es una broma? —dice mi madre mirando de arriba a abajo sorprendida.
—No —contesta Marina con la mirada hacia el suelo y con la voz entrecortada.
—Ni estoy tonta, ni es una broma... Esta soy yo —dice levantando con miedo su rostro.
—Papá, mamá hay algo que tenemos que contaros. Marina es mi hermana, vuestra hija, y tiene que hablar de ello extensamente y con calma —intervengo.
—i¿Marina?! ¿Qué eres? ¿Maricón? Esto es lo que nos faltaba por vivir contigo, estás como una puta cabra.
—A mí no me insultes —dice Marina mientras cuadra su cuerpo frente a él y lo mira desafiante.
Mi padre levanta la mano y se dispone a abofetear a mi hermana, pero encuentra mi cara entre los dos y baja su mano inmediatamente.

—¡Ni se te ocurra! Viene temblando y llena de miedo a contaros su historia, quién es realmente y cómo ha vivido todos estos años atrás... Podéis escucharla o no, pero si te atreves a levantarle la mano de nuevo, te las vas a ver conmigo y con mi abogada —grito yo llena de adrenalina.

Mamá rompe a llorar y se encierra en el baño, mi padre da media vuelta ignorando las barras de pan que están en el suelo, las pisa y cierra la puerta de un portazo, abandonando su casa y a sus hijas. Marina se gira y se lanza llorando entre mis brazos.
—No tendría que haber venido así, soy imbécil, Juan tenía razón... —solloza.
—No Marina, has venido vestida perfectamente. A tu ropa, no le pasa nada malo. A ti, no te pasa nada malo. Tu pelo no tiene nada de malo... Son ellos los que deberían sentir vergüenza por su actitud... coge tu bolso que nos vamos.

Marina se pone frente al pequeño espejo ovalado del salón, coloca su pelo, seca sus lágrimas, vuelve a hacerse la coleta alta, coge el bolso y me agarra de la mano mientras caminamos hacia la puerta. De fondo escuchamos como la puerta del baño se abre, y nuestra madre sale con la mirada cabizbaja.
—No sé si esto es una broma, pero no tiene gracia. Los vecinos podrían reconocerte, que dirán de nosotros en el barrio...
—Que sois homófobos —contesté.

Mamá tapó su boca con las manos y mi hermana y yo salimos de aquella casa tristes, pero juntas.

CAPÍTULO 45

Lucas vuelve a revisar el móvil.

Ningún mensaje, ninguna llamada de Alicia con cambios para su cita de hoy en la cafetería Zeppelin. Intentaba relajarse, pero no podía, estaba preocupado y muy nervioso. Le sudaban las manos y el aire entraba en sus pulmones con dificultad.

No podía creer que estuviera embarazada ¿cómo podía haber pasado? Siempre habían tomado precauciones, jamás jugaban con fuego. Además, no recordaba cual había sido la última vez que habían mantenido relaciones sexuales. Alicia era bastante fría y muy dada a los persistentes "dolores de cabeza". Le daba vueltas a algo que andaba rondando en su cabeza hacía bastante tiempo, era un poco arriesgado acusarla sin pruebas, pero era lo que más le cuadraba en toda esa repentina historia. Aparcó el coche en Hernán Cortés y subió caminando con el fin de tranquilizarse un poco antes de entrar en el bar. Agarró el pomo de la puerta, cerró los ojos, respiró profundamente y pensó en Paula.

Entró aparentemente fuerte y seguro de sí mismo, mientras disimulaba escondiendo su miedo en el interior del pantalón.

—Ya creía que no ibas a venir. Llegas tarde —dice Alicia mientras le da un trago a su copa de vino blanco y le mira con cara de desaprobación.

—No deberías beber alcohol en tu estado —replicó Lucas.

—¿De verdad te importa? Lucas, desde que me dejaste no has vuelto a contestar a mis mensajes, ni me has devuelto las llamadas. No me has dado ni una sola oportunidad de arreglar lo nuestro, encima de que ha sido todo culpa tuya... No finjas que te importo algo ahora, porque esté bebiendo una copa de vino... por favor, no es para tanto —dice mientras baja la mirada y hace su famoso doble parpadeo con mordida de labio incluido.

Hacía el mismo gesto cada vez que quería conseguir algo, y no solo de Lucas... Se lo había visto hacer mil veces, cuando quería conseguir algo de su padre, de su padrino el señor Ramírez, de su madrina, del vecino del quinto, de la señora de la cola en el supermercado para poderse colar en la fila... en fin, lo utilizaba con frecuencia, lo había explotado al máximo todos estos años. Pero ese gesto que hacía que todos cayeran rendidos a sus pies con una sola mirada había perdido en Lucas, su efecto hacía mucho tiempo.

—No he venido a hablar de nosotros Alicia, te lo dejé muy claro por teléfono. Vengo porque tenemos que hablar de tu embarazo y de mi relación con Paula.

—¿De «mi» embarazo? —pregunta mientras suelta una carcajada al aire y bebe otro trago de su copa. Así que ya tienes una relación con Paula, que bien, has tardado mucho...

—Sí. Paula y yo estamos juntos... Y sí, Alicia... Sí... de «tu» embarazo.

—¡Eres un cerdo! Me dejas embarazada, me pones los cuernos con una de la misma oficina dónde te dio trabajo mi padrino, y tienes los santos huevos de insinuar que el embarazo es «cosa mía». Eres un cabrón desagradecido.

«Empieza la partida de Póker», pensó Lucas.

—¿De verdad me ves tan ingenuo como para que me crea que ese bebé es mío? Te recuerdo que hace meses que no nos acostábamos juntos. ¿Cuándo fue la última vez que te acostaste conmigo? ¿eh? Tú te acuerdas... Porque yo, no. Perdí la cuenta de las veces que me rechazaste. Perdí la cuenta de las veces que discutimos en el coche justo antes de subir a mi casa y te ibas a la tuya en taxi, con tal de no dormir conmigo. Perdí la cuenta de las veces que te dolía la cabeza. Perdí la cuenta de las veces que te hiciste la dormida...

—¿Qué estás insinuando, Lucas? —interrumpe Alicia indignada y con la copa apoyada en el pecho sorprendida.

—No insinúo nada, ¡lo afirmo! ¿Cuánto hace que no tenemos relaciones sexuales Alicia? ¿Tres, cuatro meses? Pero...

«¡Venga Lucas, que nos marcamos un farol de los gordos y ganamos la partida!», pensó rápidamente.

—Si quieres llamamos a nuestro compañero Castilla, a lo mejor él sabe mejor que tú cuanto tiempo hace... ¿Qué hacemos Alicia, le llamamos? O dejamos de jugar a las adivinanzas y me cuentas de que va todo esto —dijo Lucas.

Sí, se la jugó y la verdad... sonó bastante convincente.

Hacía tiempo que sospechaba que Felipe y ella tenían una aventura. Al principio creía que le miraba mal por la amistad que él tenía con Paula y por ser uno más de tantos a los que caía mal por estar con la ahijada del dueño del Rice... Aquel revolcón en el comedor de personal le había dado fama de interesado y de pelota en la oficina de por vida. Pero cuando empezó a colaborar con Paula y se empezaron a tratar de cerca observó que no era por ella si no por Alicia por quien Felipe le trataba con rabia y superioridad. Al principio fueron sutiles detalles, Alicia jugaba a caerle bien a todos menos a Felipe, era del que nunca hablaba, se sentaban cada uno en una punta si coincidían en la sala de conferencias, no se cruzaban ni con la mirada, aunque ellos se rozasen por los pasillos, se evitaban a toda costa y se veía muy forzado. Aquello daba a Lucas mala espina. Pero seguía sin tener pruebas de que estaban juntos, sin embargo, lo que sí tenía claro, es de que ahí pasaba algo raro. Cuando empezó a ganarse la confianza de Paula, ella le contó, que Felipe insistía constantemente en que no debía fiarse de Lucas y se esforzaba mucho en hacerle creer que Lucas solo quería ganar puntos ante el señor Ramírez para hacerse con la empresa de Alicia, y entre esa obsesión por él y que una tarde hizo como que no se

daba cuenta de que salían del cuarto de la limpieza juntos...
hicieron que creyese con más fuerza en su intuición y en ese mismo
momento, Alicia, iba a darle la respuesta a todas sus sospechas.

Lucas llevaba toda la noche dándole vueltas a su llamada, al
embarazo repentino, a su desesperación para que se vieran y no le
cuadraba. Tenía que intentar desarmarla y jugárselo todo a una
sola carta. En ese instante, tenía todo sobre la mesa... y muy poco
que perder.

—¿Lo sabías? —dijo casi sin voz.

—Lo sospechaba —contestó aliviado y defraudado al mismo
tiempo—. ¿Cómo tienes la poca vergüenza de acusarme de infiel a
mí?

Alicia pidió dos copas más de vino al camarero con un gesto
despectivo y un movimiento rápido de muñeca. Se sacudió la blusa
y se sentó erguida. Perdiendo la cara de víctima indignada que tenía
hasta ese momento, apareciendo fuego en sus mejillas de golpe,
tras beberse de un trago todo el vino de su segunda copa.

—¿Qué quieres que te diga? Nunca nos hemos entendido en la
cama, nuestra relación estaba muerta. Pero cuando leí los emails
que le escribiste a ella... Joder Lucas, jamás me escribiste nada
parecido para mí ¡jamás! Ni siquiera al principio de nuestra relación.
Me quedé destrozada leyendo que la echabas de menos y que
pensabas en ella más de lo que deberías. ¡Me volví loca! Estaba
celosa, sentí que te había perdido, me di cuenta de que con Felipe
no iba a llegar a ninguna parte. Esté enamorado de su mujer o no;
él es un hombre casado y ahora van a tener un hijo... y tú me has
dejado por la payasa esa, y yo, yo... no lo soporto. ¿Qué tiene esa
que no tenga yo?

—Tiene dignidad e integridad —dijo, mirándola fijamente y con toda
la serenidad que se puede tener, al estar delante de una mujer que
en menos de lo que duran dos copas de vino ha pasado de ser una
mujer especial a una mujer cualquiera.

—En realidad Alicia; Paula tiene tantas cosas buenas y tantas cualidades como mujer, que preferiría no tenértelas que decir porque no quiero ofenderte. Suerte con tu embarazo... Espero que Felipe, su mujer y tú, seáis muy felices... Míralo por el lado positivo, podrás ir a preparación al parto con ella, al igual, hasta os hacéis amigas.

—No estoy embarazada, imbécil —dice lanzándole la copa de vino a la chaqueta del traje azul marino con toda la rabia del mundo.

Lucas sacudió el traje, pagó la cuenta y se fue.

—Adiós Alicia.

CAPÍTULO 46

Nuevo mensaje

¿Podemos dormir juntos?

Lucas estaba a punto de llegar, después de su mensaje le había mandado la ubicación de mi casa como respuesta. Marina y Juan se habían ido de allí hacía menos de una hora. Mi hermana seguía triste, pero al menos Juan había conseguido tranquilizarla. Iban a estar una semana fuera, él había propuesto hacer una escapada a Toledo, y a mí me había parecido una maravillosa idea. Hicimos la reserva en el hotel María Cristina y apoyé a la pareja para que se olvidarán del tema de nuestros padres por completo y disfrutaran de una semana diferente... En un lugar rico en su gastronomía, llena de arte, cultura y ambiente medieval, la ciudad tiene un sinfín de posibilidades.
Estaba segura de que en algún momento mis padres reflexionarían y se arrepentirían de lo ocurrido, pero ahora había que poner distancia entre todos nosotros y dejar que pasara el tiempo necesario para que se hicieran a la idea de que Matías no existía, y que la mujer a la que rechazaron era su hija.
Empecé a preparar la cena para Lucas y para mí, con todo lo ocurrido estos días y especialmente en lo familiar no había tenido tiempo de pensar en mi nuevo rumbo profesional hasta que él me dijo que teníamos que hablar del proyecto de Isabel. La cocina nunca había sido mi fuerte por lo que fui a tiro seguro; fideos de arroz salteado con gambas, almejas y verduras ¡rápido y riquísimo! mi plato comodín favorito.

Las chicas estaban al día de las novedades, Elisabeth andaba agobiada conociendo familiares de Míster Ken a mansalva y Patricia cada vez estaba más gorda y más adaptada a su nuevo estado. Quedamos en vernos el fin de semana en casa de Joaquín y Elisabeth para concretar la despedida de solteros, que por increíblemente sorprendente que parezca, nuestra amiga "la liberal" y su futuro novio, habían decidido hacerla conjunta... para mí, que el novio no se fía de su mujercita y prefiere tenerla cerca... «Sinceramente, yo también lo haría».

Llaman a la puerta, cojo el mechero y enciendo las velas que he colocado en la mesa antes de abrir. Lucas viene con una sonrisa especial, no sabría explicar, le brilla la mirada de una manera diferente, da dos pasos hacía mí y me abraza con mucha delicadeza, sintiendo el latido de mi corazón, agarra mi cabello, respira en mi cuello y me besa con dulzura.

—Que ganas tenía de abrazarte. Necesitaba sentirte cerca, no sabes qué día llevo...

—Pasa, que soy toda oídos.

Lucas trae una tarrina de helado de tres chocolates y caramelo, y un CD de Aretha Franklin. Creo que nuestra relación ya tiene su propia canción. Terminamos de poner los aperitivos, las olivas y el vino en la mesa y nos sentamos a disfrutar el uno del otro sin más... Lucas venía con muchas ganas de hablar y yo disfrutaba mucho de su compañía, a veces tanto, que olvidaba por completo que el que fue mi enemigo número uno y él, eran la misma persona.

—Alicia quería hacerme creer que está embarazada, y que el bebé era mío —soltó a bocajarro.

—¿Qué? En serio... ¿Cómo puede ser tan retorcida?

—Está desesperada, ella cree que me quiere, pero en realidad es un tema de ego lo que le incendia la sangre...

—Así se esté prendiendo fuego... un embarazo es algo muy serio, no debería jugar con ese tema. Y menos intentar retener a alguien con la llegada de un bebé. Un hijo no debería ser moneda de cambio.

Lucas se inclinó, alzó su cuerpo por encima de las copas de vino, agarró mi cara y me besó con fuerza.

—Eres especial, no me puedo creer que lleve tantos años sin darme cuenta, eres diferente Paula, estoy feliz de haberte conocido.

Sonrío y me sonrojo. Está muy tierno cuando se pone así, en realidad yo pensaba exactamente lo mismo de él, nunca había conocido a nadie tan sensible, tan respetuoso y con unos valores y principios tan marcados como los que él tenía, no solo me hacía sentir segura a su lado, también sabía hacerme sentir especial con tan solo una mirada, una caricia, un gesto de ternura... Había olvidado por completo como se sentía cuando alguien estaba enamorado de ti, y su amor era real.

—¿Y cómo ha quedado la cosa, le has dicho que no era tuyo y ya está? —pregunté intrigada.

—No, en realidad le he dicho que sabía que era de su amante.

—¿¡Alicia te era infiel!?

—Esto no te va a gustar... —contestó,

Un pellizco se coló en mi estomago con aquella respuesta, y con más miedo que intriga hice un movimiento rápido de cabeza esperando su respuesta.

—Alicia está enrollada con Felipe Castilla.

La cuchara cayó en mi plato, y abrí la boca tanto que mi labio inferior rozaba el suelo. Sentí como mi corazón había intentado salir de su capacidad torácica y mi estomago se revolvía.

«¿Mi Ojitos Saltones le era infiel a su mujer? ¡No puede ser! Me niego a creer algo así, ¡me niego!».

—Imposible, Lucas... Felipe está enamoradísimo de su mujer. Puede que bromee con las chicas y parezca un Don Juan, pero van a ser padres y está ilusionadísimo. Te estás equivocando de persona.

—Lo siento Paula, sé que tú y Felipe sois muy amigos, supongo que le tienes mucho cariño e incluso que lo querrás, pero hace mucho que lo sospechaba, me he marcado un farol con Alicia, y ella misma me lo ha confirmado.

Se acababa de caer el mundo a mis pies, mi amigo, mi confidente, mi fiel compañero. No quería creerlo, no quería, tenía unas ganas inmensas de coger el teléfono y ponerle a parir. Me sentía engañada, defraudada, dolida. ¿Cómo podía hacerle eso a su mujer, a su futuro hijo? ¿Cómo podía estar mintiéndome a mí? ¡A mí! Se me quitaron las ganas de cenar de golpe.

Lucas se levantó, se agachó a la altura de mis rodillas y me acarició el brazo. Lo estaba mirando entre indignada e incrédula... Quizá no debería afectarme tanto, pero Felipe para mí, nunca fue un compañero más, fue un pilar importante de mi vida, y de repente ese pilar fuerte, de cimientos y material resistente se deshacía, y caía como la arena.
—Lo siento de verdad —repite Lucas.
—Yo también, habrá sido un grandísimo chasco descubrir que tu sospecha era cierta, me sabe mal por ti, con todo lo que hemos tenido que pasar en el Rice, y la de veces que he pensado fatal de ti, y resulta que la que te ponía los cuernos era ella... Lo siento, debes de estar afectado.
Se levanta del suelo y me besa en la nariz divertido.
—¿Estás de broma? ¡Estoy encantado! En un primer instante he sentido rabia y enfado, pero entendí que hablaba mi ego y no mi corazón, de camino a tu casa me he sentido totalmente liberado y agradecido. Todo está en su sitio al fin, y soy libre en todos los aspectos para iniciar algo sano contigo... incluido el proyecto de Isabel —me dice.
—¡¿De verdad?! —digo mientras me levanto a sentarme a su lado y no de frente como estaba todo el tiempo.
—¿Por qué no?

Retiro el plato de Lucas, apoyo mi culo en la mesa y cojo nuestras copas de vino. Lucas se echa hacia atrás dejando hueco a mis largas piernas que reposan en la madera de su silla. Descalzo mis pies y le rozo la entrepierna con los dedos. Estira su espalda, saca pecho y se muerde el labio al sorprenderse con mi repentina caricia.

—¿Tienes hambre? —pregunto.

—Sí —contesta, mientras mete sus manos por debajo de mi falda y me quita las bragas lentamente.

Sus labios me besan con lentitud, siento ese calor que me invade desde los pies cada vez que siento su aliento en mi cuerpo, apoya la cabeza en mi cuello y me lame despacio hasta el lóbulo de mi oreja, mis manos tratan de entrar en su pantalón, pero el cinturón está dificultando su acceso.

Gruño enfadada, estira de mi oreja y se ríe.

—¿Se te resiste? —pregunta burlón.

—Se ve que sí —contesto, mientras insisto en desatar la hebilla.

Lucas, sigue jugando con mi cuello y mi oreja, solo que esta vez, tiene sus manos entretenidas en mi pubis y está muy concentrado en hacerme feliz con ello... Juego con su pelo y le estiro con fuerza para que me mire a los ojos, me excita mucho fijar su mirada en la mía, he conseguido abrir su pantalón, y su pene baila libre entre mi mano. Su respiración es rítmica, su cuerpo reacciona al juego de mi muñeca, sus besos son cada vez más largos, y más profundos, en un momento del pulso que mantengo con su boca, abro la mía y engancho su labio inferior, estirándolo lentamente, haciendo que se pegue a mi cuerpo por inercia.

—¡Ay! —se queja Lucas.

Echa un poco su silla hacia atrás, abre mis piernas, sujeta fuertemente mis tobillos y pasa su lengua lentamente.

Retiro hacia un lado lo que tengo en la mesa, y me pongo cómoda sin perder la vista en lo que está pasando en mi entrepierna. En una milésima de segundo, visualizo a Lucas bebiendo de mis labios mojado en vino y no detengo mi fantasía. Cojo lo que queda de mi copa y con cierta distancia empieza a caer el vino desde mi vientre hasta su boca, que absorbe con fuerza y lame con ganas... aquello está acelerando mi corazón con fuerza, levanto su cabeza y beso sus labios intentando saborear lo que queda de vino en ellos, Lucas agarra la otra copa, estira de mi pelo y comienza a hacer lo mismo, solo que quiere ver como mi boca se llena y rebosa el alcohol sobrante por el filo de mis labios, directos a recorrer mi garganta y acabar en mi camisa. Tratando de tragar con mayor rapidez hago un amago de atragantarme, y como pólvora que explota, Lucas se excita y me da la media vuelta con brusquedad. Fue algo tan rápido, que cuando reacciono tengo el pecho apoyado en la mesa y me esta penetrado con decisión desde atrás.

—¡Estás muy rica! Me pones muy enfermo —dice mientras me golpea una y otra vez contra la mesa.

Me cuesta respirar con normalidad por lo que no contesto, solo aprieto mis piernas y contraigo mi vagina para sentir su pene con más intensidad.

—Pero, ¿qué me estás haciendo? —suelta.

—Tengo mis trucos —alardeé.

—Pues no dejes de hacerlo, me encanta.

Cuando las embestidas de Lucas se ralentizaban, intentando alargar el momento de la explosión, coloqué mis manos por debajo de su miembro y agarré sus testículos con suavidad y estiré hacia abajo. Aquello cogió a un Lucas totalmente desprevenido, el cual se rendía satisfecho y sorprendido encima de mi espalada.

—Te amo —susurró.

—Qué suerte tengo—contesté.

CAPÍTULO 47

—¡Pobre Lucas! No me puedo creer que no le dijeras que tú también lo quieres —dijo Patri mientras vaciaba el cuenco de cacahuetes que había puesto Lisa en la mesa, junto al resto de snacks.

Los hombres estaban en el salón y nosotras alrededor de la isla de la cocina. Elisabeth tenía cuatro taburetes de diseño y en vez de hablar de los invitados a la despedida de solteros estábamos tratando lo sucedido en mi postcoito con todo lujo de detalle.
—No es que no lo sienta, es que me pilló muy de sorpresa y aunque me joda mucho reconocerlo, Ian sigue estando ahí. No del mismo modo que antes, pero sigue estando... y no quiero decirle a Lucas que le quiero sin sacarlo por completo de mi corazón —expliqué.
—No le metas caña gorda. Paula necesita tiempo, ya la conoces, es una romántica empedernida, si le dice ahora a Lucas que lo quiere, sentirá que una parte de ella no está siendo sincera con él, y tendrá remordimientos de por vida... Y puf, luego quien tiene que aguantar sus chorradas somos nosotras —dice Lisa, cargándose el momento.
—Era demasiado bonito, para ser de ella —dije mientras miré a Patri, todas nos pusimos a reír.
Los chicos estaban junto a la mesa minimalista fantaseando con la posibilidad de contratar una pareja de strippers y hacérselo pasar mal a la pareja con el show. A mí me pareció una insensatez, conociendo como conocía a nuestra amiga, seguramente... el único que lo iba a pasar fatal iba a ser Míster Ken, viendo como se lo pasa pipa su querida Barbie. Me gustaba mucho ver a Lucas entre ellos, se había adaptado muy bien a mis amigos, lo mismo que Joaquín, parecía que llevaban toda la vida entre nosotras. Me enternecía ver

como Joaquín seguía mirando a Lisa con esa mirada de hombre enamorado del primer día. Era todo un caballero, y no solo con ella, nos había tratado con tanto cariño desde el minuto uno a Patricia y a mí que era imposible no quererle.

Que diferente estaba siendo mi vida con Lucas. Antes nunca había tenido la posibilidad de traer a Ian a ninguna reunión de amigos, era casi imposible hacer planes a largo plazo con él.

Lucas se levantó y me abrazó espontáneamente, como si hubiese intuido que mi mente no estaba allí, las chicas se burlaron del gesto voceando un ¡Ooooh! más largo de lo normal.

—¿Sabes qué me apetece? —pregunta Lucas.

—Por muy tentada que me sienta, no puedes desnudarte en mi salón —bromea Elisabeth.

—Sujeta a tu mujer, que esta «on fire» —dijo Max mirando a Joaquín.

—No te preocupes, en la noche de bodas, le hago un hijo.

—¡Ni se te ocurra! Que después estará peor que una gata en celo. Patri no me deja dormir —se lamentó Max.

Todos nos reímos del comentario burlón de Max al mismo tiempo. Los mofletes de nuestra amiga estaban del color de la enorme campana de Lisa, que cubría el lugar de los fogones.

—¡Cállate! No le deis cuerda por favor, que si no se pone tonto y no para —protesta Patri.

—Sois horribles —afirmé— ¿Qué te apetece, Lucas? —intenté reiniciar la conversación con él.

—Proponerle la despedida de solteros de Joaquín y Elisabeth a Isabel. Y que esté, sea nuestro primer trabajo juntos. ¿Qué os parece? —miró al grupo ilusionado mientras agarraba mi mano.

—Este hombre es un encanto —dijo Lisa—. Aunque no se haya querido desnudar en mi casa —continuó—. ¿Eso significa que al final vais a aceptar la propuesta de Isabel Fernández?

Lucas, se dio la vuelta, me agarró por la cintura dándome el protagonismo y me besó en la mejilla.

La otra noche, después de nuestro momento polvo-te amo-que suerte tengo-silencio, estuvimos hablando de la propuesta de Isabel. Tras lo ocurrido con Alicia, Lucas dejó de sentir que era una falta de respeto el montar una empresa que le hiciese la competencia directa a Rice Events y le enviamos un mail, en pelotas sobre la cama, a nuestra futura jefa. Así dicho suena raro, pero fue bastante simbólico, los dos estábamos desnudos, entregados a empezar algo nuevo juntos, sin ropa, sin miedo y sin nada que perder.

—Bueno chicos, Lucas y yo hemos aceptado el reto, vamos a trabajar con Isabel Fernández. Así que sería un verdadero placer preparar vuestra despedida y que fuese con la «familia» con la que nos estrenemos.
—¡Toda vuestra! —dicen los novios aliviados.

Y como salidos de un capítulo de Friends terminamos todos abrazos en grupo. No abro los ojos mientras los abrazo, porque estoy segura de que Lisa esta apunto de vomitar de lo cursi que está siendo todo (hasta para mi).
El resto del día lo pasamos organizando agendas, juegos de mesa y muchas risas. Nos dejaron caer que también iban a necesitar ayuda con la boda. Obviamente aquello era una buenísima noticia, no habíamos empezado a trabajar, y ya teníamos dos propuestas que presentarle a Isabel el próximo día. Aunque intuía que habría una tercera... conociendo a Patricia, estaba casi segura de que querría bautizar al churumbel, y aprovecharía para hacerlo por todo lo alto, y con nuestra ayuda.

Jon Bon Jovi, suena a toda castaña del interior de mi bolso, es Marina. Me disculpo ante los amigos, con un gesto y tras la aprobación de Elisabeth, me voy a contestar el móvil a su habitación.
—Hola princesa, ¿cómo estás?

—Hola Paula, estamos bien, más tranquilos y ¿tú? ¿Alguna novedad? —preguntó mi hermana.

—Lucas folla mejor, me ha dicho que me quiere y vamos a aceptar el proyecto de Isabel... poca cosa —bromeé.

—¿Qué? —gritó Marina al otro lado del teléfono—. ¿Cómo te sientes? En cuanto al polvo no, cabrona, que me imagino que estás muy relajada... en cuanto a lo demás, ¿qué tal? ¿cómo te sientes? ¡Cuenta!

—Ahora no puedo nena, estamos todos en casa de Lisa, dando ideas para la despedida de soltera.

—Aún no me creo que esa cabrona se vaya a casar.

—Ni tú ni nadie —contesté.

—Bueno, entonces no te entretengo, ya me contarás, solo quería que supieras que estoy bien, y que te echo de menos —dijo.

—Yo a ti también.

Me embobé observando el buen gusto que tenía mi amiga decorando su habitación. Siempre había envidiado su trabajo y su percepción de la belleza, había acertado cien por cien con su profesión, era la excepción que marcaba la regla al famoso refrán "en casa del herrero, cuchillo de palo". El cabecero de su cama era de caña de bambú. Sobre él estaba colgado una enorme fotografía de una mujer y un edificio de New York que solapaba la parte del cabello. Dos larguísimas lámparas colgaban del techo, con dos alturas diferentes, inclinadas ambas hacia el lado izquierdo del cabecero. A los pies de la cama, tenían una alfombra horizontal de pelo de oveja del mismo color. No tenía cortinas, eran una especie de láminas de color negro que hacían juego con la fotografía en blanco y negro de la pared.

Alguien me llamaba desde el salón, por lo que dejé mi embobamiento para otro día y me dispuse a salir de la habitación de Lisa cuando me quedé parada a dos pasos de la puerta, fría, perpleja y sin aliento. Sobre la mesa del escritorio estaba el portátil de Joaquín, una lámpara vanguardista de sobremesa y un portarretrato digital negro metalizado. «¡No puede ser! Juraría que acababa de ver a Marta en una de las fotografías abrazada a Joaquín, solo que iba teñida de rubia». Toco la pantalla del marco, intentando averiguar, cómo puedo ver la foto de nuevo. Empiezan a pasar las imágenes a mayor velocidad y después de una foto de las chicas y mía en la terraza del Hollie una tarde de verano, aparece de nuevo Marta abrazada a Joaquín en la Puerta del Sol en Madrid. ¿Qué cojones significa esto? Le hago una fotografía a la imagen y seguidamente entra Joaquín a la habitación justo cuando acababa de guardar mi teléfono móvil en el bolsillo de mi chaqueta.

—Max y Patri tienen que irse, quieren despedirse de ti ¿Va todo bien? Estás muy pálida.

—Sí, sí, tranquilo.

CAPÍTULO 48

Una madre distraída termina de preparar la comida sin esmero, mientras un padre envenenado por sus propios actos hace como que ve el partido de tenis en la televisión. Hace semanas, que no sabe nada de sus hijos, y la escena del último día que los vio le recomía por dentro. Quería hacer algo, pero no sabía el qué. Tenía demasiados sentimientos encontrados y un número demasiado alto en su carnet de identidad como para saber que lo que había hecho, estaba mal.

Cecilia sale de la cocina, con la tortilla de patata en la mano, con su cara de pocos amigos habitual y se sienta a la mesa con su marido. Luis, se quita las gafas y se frota los ojos cansado y triste.
—¿Tenemos que hablar del tema Cecilia? —dijo mi padre—, no podemos seguir haciendo con que no ha pasado nada, e ignorar que Matías vino a casa vestido de mujer, porque ahora es una mujer.

Hay un incómodo silencio.

—Yo tuve un hijo y una hija. No dos hijas. Ahora tengo una hija sana y un hijo con problemas mentales que necesita ayuda. Ya he cogido hora para el médico de cabecera. Le explicaré lo que ha ocurrido, y convenceré a Matías para que hable con él.
—Que le vas a explicar lo que ha ocurrido. ¿El qué, exactamente? ¿Qué te encerraste en el baño o que yo casi le doy una bofetada? ¿Qué le vas a explicar, Cecilia? Mira, yo no hago más que pensar en Matías, y me guste o no, estás cosas pasan. Yo no sé cómo estás tú, porque no hablas del tema, pero yo estoy roto y me arrepiento

de haber reaccionado de ese modo. Así que, he llamado a Paula para que nos ayude a entender todo esto y viene esta tarde a casa a tomar café.

Cecilia se levanta bruscamente de la silla y tira su servilleta encima del plato.
—Siempre haces lo mismo ¡tu hija y tú! ¡Tú y tu hija! Yo nunca pinto nada. Le has llamado antes de hablar conmigo, de tomar una decisión, me siento un cero a la izquierda en esta casa, Luis.
—La he llamado porque no soportaba la culpabilidad que tengo, ¡quiero entender a nuestro hijo! —dijo él.
—¡Yo también! —grita ella.
—¿Llamando al médico de cabecera? Crees que le van a dar una pastilla para que se deje de sentir mujer. Por favor Cecilia, esto es serio, no tiene quince años, no es un tema de rebeldía en plena adolescencia.
—Haced lo que queráis. Dudo mucho que ninguno de los dos quiera apoyarme en esto.
—Te estás olvidando de un pequeño detalle, y es que no hay que apoyarte a ti, si no a tu hijo. Espero que entre todos podamos hacer que Matías, o Marina o como quiera llamarse vuelva a casa, y sienta que tiene una familia que le apoya.

Cecilia se levanta, va directa al baño y se encierra allí. Ya sabemos de dónde ha cogido esa costumbre Marina.

...

—¿Seguro que quieres ir sola Paula? —preguntó Lucas.
—Sí, es un tema delicado y muy personal, mis padres no se abrirán si estas tú en casa. Ya habrá ocasión para presentarte —contesté.
—Estuviste muy rara a la vuelta de casa de Lisa, prométeme que hablaremos de ello, estoy preocupado.
—Te lo prometo —dije y colgué el teléfono.

Cuando salimos de casa de Elisabeth, Lucas creyó que me había molestado que fuera él el que propusiese hacernos cargo de los preparativos y diese la noticia. No quería contarle lo que había visto en la habitación de nuestra amiga, porque no sabía cómo se lo tomaría, en otras ocasiones habíamos hablado de lo vivido con Ian y me había resultado muy incómodo. No quería que pensara que me sigue afectando, pero la realidad es que lo hacía y mucho. Nada más llegar a casa había escrito en el grupo de las chicas y les había mandado la foto del marco digital.

Lisa no podía creer que la chica pelirroja de la que tantas veces habíamos hablado fuese la sobrina de Joaquín. Le hice prometer que no le diría nada a Joaquín sobre mi historia con Ian, hasta que yo hubiese hablado con Lucas. Obviamente, era algo que no podía dejar pasar sin más ya que iba a tener que chuparme a la pareja en la despedida o en la boda de mi mejor amiga.

Decidí no decirle a Marina que estaría en casa de nuestros padres hoy. Cuando me llamó mi padre, dudé de si cogerle el teléfono o no, pero tan solo dos segundos después me alegré mucho de haberlo hecho. Casi no podía pronunciar palabra, tenía la voz rota y le costaba mantener el tipo al otro lado del teléfono.

—Gracias por atenderme hija. ¿Cómo estás? Yo estoy fatal, no puedo dormir desde lo del otro día. Siento mucho haber reaccionado así, lo siento de verdad, joder me pilló desprevenido, no sabía si era una broma o qué cojones. Hija, ya sabes que a veces soy muy burro, yo qué sé, lo siento.

—No es ninguna broma papá. Esto va muy en serio, Marina es mi hermana y es una mujer increíble. Estoy totalmente enamorada de ella, la admiro mucho, y se merece una disculpa —le dije.

—Paula, hija, yo no sé cómo gestionar todo esto, que tal si vienes a casa un día y hablamos. Lo estoy pasando fatal, de verdad —insistió mi padre.

—¿Me invitas a un café?

—Y a dos —contestó.

Llamé a la puerta dos veces. Seguía teniendo llaves de casa, pero después de irme de allí con Marina amenazándoles con un abogado y llamarles homófobos, no me sentía con el derecho de abrir la puerta como si nada. Antes de soltar el timbre en el tercer intento mi madre abrió.

Entré al salón, mi padre estaba sentado en su sofá con el café y unas pastas encima de la mesa. Se levantó y rompió a llorar en un abrazo.

—Venga, venga, ya está. Que todo el mundo se equivoca papá no seas tan duro contigo mismo. —Le besé en la mejilla y sequé sus lágrimas.

Mi padre me agarró de la mano y me llevó al sofá. Mi madre había vuelto a la cocina tras abrir la puerta. Faltaba una taza encima de la mesa, pensé que había ido a recoger su café, pero estaba tardando demasiado.

—¿No nos acompaña mamá? —pregunté.

—Hemos discutido y ahora está enfadada conmigo... seguramente también contigo —contestó.

—¿Y eso por qué? —dije sorprendida.

—No sabía que te había llamado para pedirte ayuda, y dice que nunca cuento con ella para nada, pero Paula, cuando volví a casa aquel día, estaba tan tranquila comiendo... Como si no hubiera pasado nada. Y yo estaba tan nervioso que era incapaz de hablar, pensé que lo hablaríamos cuando nos hubiésemos relajado un poco, pero han pasado los días, las semanas, y cada vez que he intentado hablar con ella de lo ocurrido se ha ido a la calle con cualquier excusa. Paula, yo os quiero mucho, y tengo la imagen de Matías odiándome grabada en mi mente, no puedo lidiar también con tu madre y sus celos, ni con la absurda idea de querer solucionar lo de tu hermano hablando con el médico de cabecera. ¿Qué hago?

—Para empezar... dejar de llamar a mi hermana Matías.

Mi madre sale y nos mira de arriba a abajo.

A veces tengo dudas de si ella es mi madre o mi hermana pequeña, su actitud es infantil más veces de lo que me gustaría, y me entran ganas de darle una cachetada para que reaccione.

—Siéntate mamá, estamos hablando de Marina.

Nos miró y se sentó sin protestar.

No era fácil explicar lo que había vivido Marina todos estos años atrás. Una parte de mí sabía, que no me pertenecía esa historia, que no era yo, quien tenía que contarla. Otra parte, intentaba hacer lo que fuera necesario para que mi hermana fuese feliz, y mis padres aceptaran que tienen una hija que nació como hombre, pero siempre fue una mujer.

Había una segunda oportunidad, un poco de luz en la mirada de mis padres, ganas de otro encuentro con su hija. Hubo preguntas, muchas, demasiadas... a las que no podía contestar, pero sabía que eran necesarias que se las hicieran a ella.

—¿Tú crees que Marina, querrá volver a hablar con nosotros algún día? —pregunto papá.

—Yo me encargo —contesté.

Después del abrazo, y las lágrimas, prometí hablar con Marina, organizar una segunda cita con mis padres y me metí en mi coche. Saqué el móvil y revisé WhatsApp. Las chicas están flipando tanto como yo con la recién noticia del parentesco familiar entre Joaquín y Marta. Le debía una explicación a Lucas, abrí nuestra conversación y escribí:

¿Puedo dormir abrazada a ti?

Mensaje de Lucas.

Todos los días de mi vida.

Paré el coche en la puerta de acceso a su cochera y le hice una llamada perdida. Abrió la puerta y dejé el coche pegado al suyo.

Lucas me esperaba con un pantalón de rayas azul celeste y una camiseta blanca ceñida al cuerpo, estaba de lo más apetecible.

Me abraza y me dejo caer entre sus brazos, manteniendo mi cabeza en su pecho y cerrando los ojos sin prisa, deshaciéndome en la necesidad que tenía de sentirme a salvo en él.
—Me alegro mucho de que estés aquí. ¿Estás bien?
¿Has cenado? —pregunta Lucas mientras acaricia mis hombros.
—No tengo hambre, y no sé cómo estoy. Diría que ha ido bien, hay cosas que no van a entender de un día para otro, y que necesitarán hablar con Marina. Pero, están arrepentidos y receptivos, ya es mucho...
—Todo va a salir bien.
—¿Cómo lo sabes?
—Porque hacemos un buen equipo, ¿recuerdas? Y estoy aquí —dijo Lucas.

Le miré feliz, y lo besé con dulzura. No podía ser más afortunada, estaba en deuda con él. Me sentía mal por mi repentino cambio de actitud en casa de Elisabeth y le guie, hasta el sofá del salón con la intención de hablar con él de lo ocurrido.
—Me voy a preparar una infusión, ¿te apetece? —pregunta Lucas.

Estoy pensando en un whisky doble que me permita hablarte de la pelirroja sin que parezca afectada porque es la novia de Ian...
—Vale —contesté.

Lucas trae dos tazas con la insignia del Rice Events, me guiña el ojo, y nos empezamos a reír.
—¿Robando material de oficina? —pregunté.
—Que les jodan —contestó.

Creo que era la primera vez que escuchaba a Lucas blasfemar. Me resultó de lo más divertido. Aquello aflojó un poco el nudo de mi garganta.

—Lucas, cuando llamó mi hermana me metí en la habitación de Lisa buscando un poco de intimidad, no sabía si Marina estaba bien. El caso es que sobre la mesa había un marco digital, de esos que cambia las fotografías cada dos por tres. Y en uno de esos cambios me pareció ver a alguien que me resultaba familiar. No estaba segura, así que toqueteé aquel cacharro hasta que di con ella. Saqué mi teléfono móvil y le mostré la foto que le hice al marco. Lucas coge mi móvil y lo mira con determinación sin entender muy bien, que tiene de malo que Joaquín esté en la Puerta del Sol con una chica pelirroja. Me devuelve el móvil y me mira esperando una explicación a aquello.

—Es la chica por la que Ian aparece y desaparece de mi vida —lancé con miedo.

Lucas me sigue mirando sin decir nada, hay por primera vez entre nosotros un silencio incómodo.

—¿Y qué hace con Joaquín? —pregunta por fin.

—Es su sobrina —contesté sin más detalle.

De nuevo silencio en la sala.

—¿Tengo que preocuparme? —dice Lucas.

—No, pero me ha molestado verla —contesto con el corazón en la mano.

—¿Estás dudando de nuestra relación? —pregunta él serio.

—¡Claro que no! Lucas, estoy feliz, me gusta mucho estar contigo, por primera vez en mucho tiempo siento, que eres la persona que estaba buscando. No es eso...

—Mira Paula —me interrumpe—. Yo tengo más que claro que no volvería nunca con Alicia, y sin embargo tengo ganas de pegarle un puñetazo a Felipe. ¿Celos? ¿Ego? ¿Síntoma de macho alfa vencido? Llámalo como quieras. Somos humanos, él ha estado jugando con las dos, y ahora la ves y te da un vuelco al corazón, si no te hace dudar sobre lo nuestro... perdona y olvida. Lo demás ya es problema de ellos, en el fondo estoy seguro de que ella es tan víctima como tú.

Me lancé a su cuello y vacíe todas las lágrimas que tenía retenidas en mi pupila desde que salí de casa de Elisabeth, llena de rabia e ira. Lucas me abrazo y susurro al oído un «Te amo» de nuevo.
Me separé de su pecho, agarré su cara, y le besé en la nariz como tantas veces me había hecho él antes.
—Te amo —afirmé.

CAPÍTULO 49

Habían pasado dos meses desde que Isabel, Lucas y yo inaugurásemos la empresa «Eventos Trébol S.L». Finalmente, la empresa se abrió en la calle Antonio Hurtado, cerca del despacho de abogados. Isabel nos sorprendió con el nombre el día que presentó nuestros contratos. Eligió trébol porque era una fusión entre las tres primeras letras del número 3, en honor al equipo y la flor en sí, porque representaba la suerte que había tenido al habernos conocido. Desde que abrimos la empresa hemos colaborado en la presentación de un coche híbrido, en un bautizo y en una degustación de jamón y vino en el recinto ferial. En la actualidad, estábamos ultimando los detalles de la despedida, inusual, de nuestros amigos Joaquín y Elisabeth.

Lucas y yo trabajábamos muy bien en equipo; Isabel era una gran anfitriona, confiaba en nosotros y se mostraba tan cercana como el primer día. En la empresa todos sabían que Lucas y yo éramos pareja, pero aún así sabíamos marcar las distancias y meternos en el papel de compañeros a tiempo completo, al menos... hasta que terminaba nuestro horario de oficina. Entre semana solíamos dormir juntos en mi piso por comodidad y cercanía, el fin de semana lo pasábamos en la suya. Empezaba a tener ropa y chismes en todas partes.

—¿Preparada para la cena de esta noche? —preguntó Lucas.

—Creo que sí. ¿Preparado para aguantarme delante de la sobrina de Joaquín? —repliqué.

—¡Preparadísimo!

Joaquín ya estaba al tanto de lo sucedido con Ian, dijo que Marta le había hablado de él pero que nunca se lo había presentado. Trató de convencerme de que era una buena chica, y que me iba a caer muy bien, por lo que propuso hacer una cena en petit comité antes de la despedida, para que ninguna de las dos estuviésemos incómodas el día de la boda. Cuando me lo propusieron no me hizo mucha gracia, de hecho, mi primera respuesta fue un no rotundo, pero Elisabeth me convenció diciéndome que Marta era muy especial para Joaquín, y que lo tenía que hacer por ellos. Aquella hija de puta sabía hacerme chantaje emocional. Lucas terminó de darme el empujón que me hacía falta para que aceptase la proposición. Sin embargo, según me contaron Marta, aceptó la propuesta sin vacilaciones, tenía muchas ganas de conocerme. No pude evitar la pregunta, tenía que saber si él también iba a estar allí... Por suerte para mí y para Lucas, era un tal Rodrigo, y no Ian el chico que le iba a acompañar esa noche.

Llamamos a la pastelería Sueños y le encargamos una de sus famosas tartas personalizadas. Sara Tello era la mejor repostera de Cáceres que conocía. Llevaba años intentando colaborar con ella en el Rice, pero siempre terminaban apostando por empresas grandes y de nombres conocidos. Estaba deseando trabajar con ella, y aquella era mi oportunidad. Me encantaba trabajar con empresas familiares, darles la oportunidad de darse a conocer, y sin duda, ella era mi mejor apuesta en esa Boda. La habíamos contratado para la tarta nupcial, por lo que nos pareció una buena idea que los futuros novios se fueran haciendo a la idea de lo que teníamos entre manos, llevándoles el postre.

—¿Preparada? —me dice Lucas en el rellano de la casa de Lisa.
—Si me lo vuelves a preguntar te estampo la tarta en el careto —contesté nerviosa.
—Jajaja, de acuerdo, preparada...

Llamé a la puerta y Joaquín salió a recibirnos.

Vaquero azul, camisa blanca, y sonrisa perfecta... «Este chico podría patrocinar cualquier marca de dentífrico y ganar lo que quisiera» pensé.

—¡Hola! No teníais que traer nada chicos, adelante, está todo listo —dijo Joaquín.

—En realidad es puro marketing. Es de la pastelería que se va a encargar de vuestra tarta nupcial —expliqué.

—Definitivamente sois buenos. —Bromeó y cerró la puerta a nuestro paso.

Elisabeth, Marta y el tal Rodrigo estaban sentados en la mesa del comedor. Se levantaron y vinieron enflechados a conocernos. La pelirroja, llevaba un vestido negro que resaltaba el color de su pelo y el tamaño de sus ojos. Viene sonriendo hacia mí y me coge de la mano.

—Hola Paula, yo soy Marta, tenía ganas de conocerte... —sonríe, hace una pausa, me mira diabólicamente, y continúa diciendo—, la última vez que nos vimos te llevaste una mala impresión de mí.

—Hola, yo soy Lucas, la pareja de Paula ¿cómo estás? —se adelantó.

—Yo soy Rodrigo, el novio de Marta —dijo el chico y me dio dos besos, despertándome del letargo.

—¡Bueno pues ya nos conocemos todos, venga a la mesa, que tengo un hambre que flipas! —dice Lisa.

Llevaba más de una hora intentando no parecer que padecía algún tipo de trastorno mental, pero me estaba costando mucho estar tranquila y ser natural. La conversación era entretenida, hablaban de recuerdos de la infancia de Marta, del vínculo especial que había entre tío y sobrina. Cuando Joaquín contó la historia entendí porque era tan importante para él.

La hermana de Joaquín falleció cuando Marta tenía seis años, y toda la familia se había volcado en ella desde entonces. Era un poco caprichosa y se veía de lejos que era bastante consentida, no hacía que la viese diferente, pero entendí la situación.

—¿Y hace mucho que vosotros estáis juntos? —pregunto a modo de dardo envenenado a mi amiga.

—Más de un año —contestó Rodrigo mientras Marta me clavaba la mirada.

—¿Y vosotros? —preguntó él...

—Unos meses —contesté.

—Paula y yo éramos compañeros de trabajo —detalló Lucas.

Me habría gustado pegarle una patada por debajo de la mesa, para que no siguiera dándole explicaciones a la pelirroja, pero tenía miedo de que con la mala leche que llevaba retumbará la mesa entera. Por suerte, Lisa volvió a desviar el tema y nos enroscamos en los preparativos de la boda. Por lo que después del postre y tras la segunda copa de vino, me sentía como pez en el agua, ya que dominaba a la perfección mi trabajo, y me encantaba hablar de él. Me disculpé y me fui al cuarto de baño. Empezaba a sentirme realmente tranquila, la compañía de Marta ya no me desagradaba tanto como al principio de la cena, incluso habíamos compartido un momento de complicidad cuando Lisa intentaba hacer rabiar a Joaquín con el tema de la despedida conjunta. Puedo decir hasta que empezaba a divertirme. Al salir del baño, Marta estaba esperándome en la puerta.

—Es beberme dos cervezas y como empiece a mear ya no paro... —dice.

—Pues todo tuyo —le dije señalando la puerta del cuarto de baño.

—Muchas gracias nena —contestó con putería—. ¿Sabes? Ian es un mentiroso compulsivo... No lo puede evitar, es su forma de ser, lo hace tan bien que termina creyéndose lo que dice. Pero, esa vez, no te mintió... yo le pedí que me llevara a Cáceres y le lié para que me hiciese compañía hasta que Rodrigo llegase... Muy guapo tu novio, por cierto —y tras esa hostia verbal se metió en el baño y echó el pestillo.

Mi cabeza iba a mil por horas, el corazón empezó a bombear con fuerza, se me nubló la vista y tuve una débil sensación de mareo, esperé apoyada en la pared a que Marta saliese del baño, lo había hecho a mala leche, era una provocación en toda regla, y le había salido bien, estaba acelerada.

Tras unos minutos salió del baño y me miró con la misma sonrisa diabólica que me había dedicado en la presentación, unas horas atrás.

—¿Por qué me has dicho eso? ¿A qué estas jugando? —pregunté arrinconándola en la pared del pasillo.

—Porque es la verdad, y me parecía justo que lo supieras. ¿Qué más da?, ¿no? ¿Tú ya has pasado página? ¿O no? —me desafía con un gesto rápido de cabeza que hace que retroceda un paso hacia atrás.

—Soy muy feliz con Lucas, puedes meterte a Ian por donde quieras —contesté.

—Ummm... no, en todo caso, me apetecería más probar a tu chico nuevo, si quieres que no los intercambiemos me avisas, de buen rollo ¿eh? por los viejos tiempos. —Me dio un empujón e intentó volver al salón.

Pero la agarré del brazo frenando su salida, y quedándonos ambas a tres pasos de la puerta de acceso.

—¿Qué te he hecho yo? ¿Por qué me tratas así? —le pregunté sorprendida por su actitud.

—¿Yo? ¡Ja! Fuiste tú, la que me robó a Ian primero. Desde que apareciste en su vida, él no volvió a ser el mismo. Ian estaba enamorado de ti... Te deseo lo mejor nena... Lucas parece un buen chico —dijo irónicamente y salió.

Respiré durante dos segundos y volví al salón lo más entera que pude. Lucas me hizo un hueco en el sofá y me miró intrigado, creo que quería leerme los ojos, y de haber mantenido su mirada en la mía, lo habría conseguido, pero yo bajé la cabeza y estuve distraída lo que quedó de velada.

A la hora, Rodrigo le recordaba a su novia, que mañana tenían que madrugar y se despedían de nosotros. Remoloneé lo suficiente para que no nos fuésemos todos juntos de allí, ni hubiese posibilidad de quedarme con ella a solas.

—¿Qué te ha parecido mi sobrina? —dice Joaquín ¿a qué es majísima? Creo que ha ido muy bien, ¿no?
—Son muy majos los dos —contesté.

De camino a casa, Lucas estaba comentando la cena minuto a minuto como si de un partido de futbol se tratase. Intuyó de mi visita al baño que algo me hizo perder la sonrisa, pero le dije que no tenía importancia y no insistió. Nos metimos en la cama y me apoyé en su pecho, sin más intención que la de sentirme en paz, a salvo y evadirme de la conversación que hizo que por un momento me estuviera replanteando mi vida entera. Mientras Lucas se encerraba en el baño, tuve la tentación de volver a grabar el número de teléfono de Ian, hacía meses que lo había borrado, pero, de tanto agregarlo, bloquearlo y eliminarlo de mi lista de contacto me lo había aprendido de memoria. Suerte que pensando en Marina se entretuvo mi mente hasta que él salió de la ducha. Ahora en la cama abrazada a él, estaba segura de que había hecho lo correcto dejando las cosas como estaban, y apartando de mi cabeza las intenciones de Marta de poner todo mi mundo patas arriba. Se había inventado aquellas palabras para hacerme dudar. Nunca había caído en la cuenta de que Ian y Marta estaban juntos antes de que apareciera yo, en el fondo ambas éramos víctimas de su maldito juego, con la diferencia de que yo había estado engañada todo ese tiempo. Aunque quisiera mirarla con otros ojos, no podía. Lo único que tenía claro, es que Ian no se merecía otra oportunidad. No iba a volver a caer en eso, Lucas era todo lo que necesitaba para ser feliz.

CAPÍTULO 50

Llevaba semanas concentrada y a cien por hora volcada en el trabajo y en Lucas. Al tercer o cuarto día después de la cena, apenas me acordaba de Ian ni del comentario de la pelirroja. Elisabeth y Patricia, habían venido a la oficina a elegir el menú degustación de la despedida. Después de mucho debatirlo entre ellas, se habían decidido por un menú de tapas y refresco, agua, vino y cava. Lejos de la barra libre ya que no querían que se alargara más de las 20:00 h, para poder disfrutar de manera más íntima después; de una cena sólo para los amigos, sin compromisos ni familiares. El lugar aún estaba por decidir, discutíamos entre la finca de los padres de Joaquín, cerca de Malpartida, o hablar con la hermana de Patricia para que nos cediera su maravillosa terraza... en ambos casos montaríamos una carpa, aunque conociendo a Lidia, estaba casi segura de que iba a decir que no. Desde que los padres le hicieron responsable del restaurante, se había limitado a contradecir a su hermana en todo lo que le proponía, como hobby.

—¿Hablas tú con Lidia? —pregunta Elisabeth.

—Sí, yo me encargo, no te preocupes. Vosotros id a hablar con la familia para concretar hora, y vestimenta.

Nuestra amiga quería tener una boda ibicenca, y dado que el futuro marido y su respectiva familia eran católicos hasta la médula, y no había opción de casarse en mitad de alguna playa de Andalucía, habíamos propuesto una despedida con los invitados vestidos de blanco para quitarle la espinita a la novia. Había que pasar los protocolos a los invitados sin excepción. Si eso iba a hacer feliz a mi amiga de la infancia, a mi loca favorita, todos íbamos a poner de nuestra parte para que se hiciese realidad. ¡Cómo que me llamaba Paula!

(Nuevo Mail)

De: isabelfernandez@eventostrebol.com
Para: Paula

Acuérdate que tenéis que firmar hoy los contratos con los proveedores que se nos pasa el plazo mañana. Necesito que me revises el coste por persona del evento de Lisa, hay un descuadre en el total.
PD/ Una tal Marta Gutiérrez te dejó algo en el despacho ayer, me he olvidado de dártelo esta mañana.

«¡Por favor que no sea ella!»

Salí del despacho y me fui hacia la pequeñita recepción. Andrea era una chica colombiana de metro cincuenta y una larga trenza negra, tenía los ojos casi tan grandes como su corazón y vestía siempre con una enorme sonrisa. Cuando me ve sonríe y me dice:
—Mija, tengo un paquetito para ti.
—¡Gracias Andrea! Es usted adorable, me entran ganas de achucharla todo el tiempo.
—¡Pues abrázame! No se quede con las ganas mamita —dice Andrea riéndose y abrazándome fuerte.

Cogí la caja, apenas pesaba, no era más grande que la palma de mi mano y volví al despacho agitándola para intentar averiguar su contenido. Apenas se sentía movimiento en su interior, no podía saber que era. Cerré la puerta, me senté frente al ordenador, y busqué los apellidos de Joaquín en la lista de invitados.

«¡Gutiérrez! El puto paquete era de la pelirroja.»

Lucas entró en el despacho efusivo, se acercó a mi silla y me dio un beso en la nariz. Aparté el paquete rápidamente, no solo porque no quería que lo viese si no porque de no haberlo hecho, se hubiese sentado encima.

—¿Qué es eso? —preguntó Lucas.

—No lo sé, me lo acaba de dar Andrea... me lo ha enviado Marta. —contesté.

No podía ocultarlo, quise hacerlo tan rápido, que terminé tirándolo al suelo.

—¿Marta? ¿Marta? ¿Marta, la pelirroja? —preguntó Lucas.

—Sí, la misma. He comprobado en la lista de invitados que se apellida Gutiérrez —dije mientras le pasaba el paquete.

—¿Quieres intimidad? —preguntó Lucas.

Estuve muy tentada a decirle que sí, pero hubiese sido darle más importancia de la que tenía. Si iba a apostar por mi relación con Lucas, tenía que empezar a hacerle cómplice de mis cosas y aquello, no era algo que hubiese pedido yo por Amazon, era algo que me había mandado ella, vete tú a saber por qué...

—No. Quiero que formes parte de todo, inclusive de las cajas bomba que me envían las psicópatas. —Sonreí.

—Pensándolo mejor, te quiero, pero no quiero morir hoy. —Me dio otro beso en la nariz y se levantó de la mesa de mi despacho dirección hacia la puerta.

—¿No quieres abrirlo conmigo? —pregunté.

—No me hace falta. Me ha gustado oírte decir que quieres que forme parte de tu vida Paula. Me da igual lo que haya en la caja, si me necesitas... silba.

—Te quiero Lucas —le dije orgullosa de la persona que comparte mi vida.

—Y yo —contestó mientras cerraba la puerta.

Me quedé un rato mirando aquella caja, una parte de mí quería tirarla a la basura y olvidarme de que me había llegado. La otra, se moría de curiosidad... Después de debatirlo con el cactus de mi mesa, estiré de la cuerda que llevaba el paquete a modo de lazo y lo abrí.

En su interior había una notita y algo blanco de tela dentro de una bolsa de rejilla amarilla. Desdoblé la nota y leí:

"Iba a tirarlas, pero es que son monísimas"

Abrí la bolsa de rejilla amarilla y saqué la tela blanca, según lo iba sacando iba reconociendo aquella tela... Tenía el corazón a mil, y un calor infernal empezaba a adueñarse de mis mejillas. Era uno de mis tangas de algodón. No lo había echado en falta, ya que tenía varios básicos en el cajón, en blanco y en negro. Ese tipo de ropa interior que no aprieta, sin encaje, ni lacitos, ni nada similar. Lo más sencillo y cómodo que puedes tener en el cajón de la ropa interior, para ponerte cualquier día para ir a la oficina, por ejemplo. Cerré el puño con ellas dentro con fuerza y las lancé a la papelera. ¿Por qué mierda me tenía que estar machacando de esa manera? ¡No iba a parar! Lo intuía. Iba a ser un puto grano en el culo hasta que lo hiciese estallar. ¡Y vamos que si iba a estallar!

¡Esto era la guerra!

Abrí el grupo de las chicas en WhatsApp y escribí lo que me acababa de pasar, seguido de un «ésta se va a cagar». Elisabeth se encargaría de conseguirme la dirección de Marta, mientras Patri nos aconsejaba dejar las cosas como están, y que me hiciese la desentendida... consejo que, por supuesto, ignoré.
Recogí el tanga de algodón de la papelera, lo metí en la bolsa de rejilla de nuevo, y escribí una nueva nota. Cerré la caja, busqué papel de embalar en la sala del departamento de marketing y dejé el paquete medio preparado en el cajón de mi mesa. Solo me faltaba el mensaje de Lisa para finalizar mi venganza.

De: paulamarquez@eventostrebol.com
Para: Lucas

Voy a comer con Marina, te dejo unos documentos sobre mi mesa, antes de irte tienes que entregárselos al departamento jurídico. Hay que firmar los contratos antes de las 18:00 h.

¡Besos!

P.D. ¿Te he dicho hoy que te quiero?
Saqué el paquete infernal del cajón de mi mesa, lo metí en mi bolso y me fui al Hollie a comer con mi hermana. Cuando llegué Marina aún no había llegado, por desgracia el camarero rancio seguía allí. Me reconoció. Lo sé porque me hizo un gesto desagradable con la boca, quizá él creyese que era una sonrisa, pero era una especie de mueca insultante a los ojos del resto de los mortales. Me senté en la mesa de siempre y me puse a revisar los mensajes nuevos mientras la esperaba. Uno de mi hermana diciendo que llegaba tarde, otro de Lucas deseándome buen provecho, varios corazones y un "yo más" y el mejor de todos... el de Elisabeth:

C/ Casas de Castañar, 116 bajos
06800 Mérida, Badajoz

¡Ya te tengo!

Antes de que acabase el día enviaría el paquete de vuelta a su dueña.

—¿Seguro que viven juntos? —pregunté a Lisa por WhatsApp.
—Seguro. —Contestó.

Recibí a Marina con una sonrisa de oreja a oreja y no solo porque me alegrase de verla, sino porque mi venganza estaba servida. Tenía que contarle que había estado con nuestros padres, y que querían verla. Tenía miedo de su reacción, pero estaba dispuesta a coger el toro por los cuernos, y que ambas saliéramos ilesas de ese ruedo.

—¿Y esa sonrisa de mala, malvada? —preguntó Marina.

—Luego te lo cuento. Tenemos que hablar... ¿prefieres hacerlo ahora o después de comer? —pregunté.

—Luego hija, que estoy que me muero de hambre. Juan me acaba de empotrar contra el armario de la cocina, y vengo famélica.

—Voy a necesitar dos copas de vino para quitarme esa imagen de la cabeza... ¡Joder Marina!

—Pues espera a que te dé detalles, porque hoy se ha puesto un aro en el pene más pequeño de lo normal y aquello...

—¡Basta! —interrumpí—. No quiero saberlo. ¡Cállate coño! Coge la carta y pide algo para comer, que veo que estas baja de glucosa y deliras.

—Ja, ja, ja, me encanta cuando te ruborizas hermanita.

Al rato, el rancio viene con dos serranitos de lomo, queso, y pimientos verdes acompañado de una ración de patatas bravas y otra de huevos revueltos con jamón ibérico.

—Es la última vez que eliges tú —le digo.

—¡Ay joder con la señorita! Hoy nada te va bien... que pesada estás hija, a ver si follas...

—¿Más? —pregunté irónica.

—Bueno, sigue bebiendo a ver si te cambia un poco en semblante y cuéntame. ¿De que teníamos que hablar?

Marina se lleva el serranito a la boca y le pega un mordisco a lo camionero, tomo aire, y repito la frase en mi cabeza para asegurarme de que sonará igual de bien cuando se la diga.

«Nuestros padres se arrepienten de lo que pasó, quieren pedirte perdón. Papá lo está pasando fatal, fui a tomar un café con ellos el otro día... Venga Paula que tú puedes, a la de tres... tres, dos, uno...≫

—Fui a tomar café a casa de nuestros padres.

Marina me mira, suelta el bocadillo, se limpia la boca, coge su bolso y a hace amago de irse del Hollie.

—Espera Marina, por favor, hay más... escúchame, tenía un discurso en mi cabeza, pero me he quedado atascada nada más empezar. Siéntate por favor.

—Papá iba a pegarme —dijo afectada.

—Lo sé, fui yo quien se puso en medio, no se me ha olvidado... Marina, papá me llamó llorando, está muy arrepentido, quiere pedirte perdón y que le des otra oportunidad.

Me mira de pie, con los brazos cruzados por debajo de su pecho, su cara ha dejado de tener ese brillo especial y risueño con el que venía. En un momento sus hombros caen, sus brazos se resbalan de la posición en la que estaban y se deja caer en la silla. De sus ojos cae una lágrima, y su mirada se pierde en el suelo. Abracé a mi hermana con fuerza y la besé con suavidad en la frente. Le expliqué con detalle todo lo que pasó aquella tarde, las preguntas de mamá, los remordimientos de papá, las buenas intenciones, y el millar de dudas en los que nuestros padres naufragan. Al final de nuestra tarde juntas, Marina estaba pensativa, un poco nerviosa, pero con ganas de empezar de cero. Con todo el jaleo que tenía en el trabajo, decidimos organizar una comida familiar después del fin de semana, cuando la despedida de Lisa y Joaquín hubiese pasado.

CAPÍTULO 51

Olía a queso fundido desde la puerta.

Lucas estaba preparando la cena cuando llegué a su casa. Estaba tremendamente sexy con aquel delantal y sin camisa. En todos los años que habíamos pasado como enemigos nunca me habría imaginado lo mucho que me excitaría hoy su espalda. No era un hombre demasiado fibrado, más bien era delgado, pero tenía una cintura de avispa y un culo que podría haberse presentado a un concurso de romper nueces con él. Tenía forma de triángulo invertido, me encantaba engancharme a él por detrás y agárrame a su pecho mientras clavaba el mío en su espalda, cerraba los ojos y olía su pelo. Besé su nuca y le apreté con fuerza.

—¿Ha ido bien? —preguntó.

—Creo que sí —contesté—. Marina es más fuerte de lo que se cree.

—Igualita que su hermana —afirmó.

Se dio la vuelta y metió la cuchara con la que estaba cocinando en mi boca.

—Le falta sal. —Sentencié.

Volvió a girarse mientras yo seguía agarrada a él como una garrapata, añadió sal, bajó al mínimo el fuego y me besó con gusto a curry, queso y nata.

Enlazó sus dedos con los míos y echó mis brazos hacia mi espalda. Por inercia eché la cabeza hacía atrás y dejé mi cuello y mi escote a la altura de sus ojos.

—Creo que la cena puede esperar, te había preparado un baño —dice Lucas desabrochando los botones de mi camisa.

—Que considerado —dije mientras desabrochaba los botones de su pantalón.

Cuando llegamos al baño habíamos perdido la mitad de nuestra ropa por el pasillo. Mis pezones estaban duros y mi sexo preparado para tenerle dentro.

Lucas se agacha a la altura de mi ombligo y muerde la costura de mis bragas, mi vientre se encoge imaginando lo que viene después. Las yemas de sus dedos están deslizando mi ropa interior hasta que caen, clava sus rodillas en el suelo y sopla suavemente mi pubis. Como un acto reflejo empiezo a abrir mis piernas y a buscar un sitio donde apoyar mis manos.

Sus manos que están agarrando mis caderas, me aprietan y me llevan bruscamente al filo de su boca.

—Pídemelo —dice mientras clava sus enormes ojos azules en los míos.

Me sonrojo y sujetando su cabeza con mis manos intento obligarle a que me bese el sexo. Se escapa de mis manos y me vuelve a retar con la mirada...

—Pídemelo —repite.

—Ya sabes lo que quiero.

Saca su lengua y la pasa por mi clítoris suavemente, como quien chupa un *calippo* desde abajo hacia arriba, sin prisa.

Me encojo, y lo vuelvo a sujetar con fuerza preparada para ser besada.

—No voy a hacer nada hasta que no me lo pidas, Paula —dice de manera amenazante.

De un empujón lo retiro de mí y me voy a la ducha, me daba vergüenza decirle que estaba deseando que me comiera y me hiciera suya.

Abrí el grifo y empapé mi cuerpo mientras deshacía el moñito que llevaba hecho. Antes de que le diese la última vuelta a la goma entre mis dedos, Lucas estaba erecto observándome desde la puerta de cristal.

Se mete en la ducha, y vuelve a colocar las rodillas en el suelo; en otra situación habría creído que quería pedirme matrimonio en vez de besarme el sexo.

—Pídemelo —suplicó.

—¡Cómeme el coño! —le grité.

Su boca se pega a mi sexo como si de dos imanes se tratasen, mis manos buscan su miembro y entre agua, vaivenes y gemidos nuestros corazones se aceleran. La respiración se entrecorta, el agua sigue corriendo, sus dedos penetran mi vagina, mis dedos juegan con su cabeza, levanta su cuerpo del suelo y mete su polla en mi boca. Y antes de que el olor a comida quemada llegue al baño, el clímax corre por mis labios y se mezcla con el agua caliente de la ducha.

Terminamos pidiendo pizza para cenar, pero mereció la pena. Desde su cama, podíamos escuchar la gramola sonar. Como en otras ocasiones, Lu, me encantaba abreviar su nombre, había puesto el disco de Aretha Franklin que rememoraba nuestra primera vez.

Su mano jugaba con mi cabello medio ondulado y mi mano acariciaba su pecho, ninguno de los dos hablaba, pero no era necesario, desde que Lucas entró en mi vida sentía una paz inmensa, estaba aprendiendo que aquellos momentos eran un regalo que quería compartir solo con él.

Me desperté temprano, me duché y le dejé preparado el desayuno antes de irme. Lucas dormía plácidamente, quedaba una hora antes de que sonara su despertador.

Yo tenía muchas cosas que hacer, había que contactar con Sara de la pastelería Ensueños para ultimar los postres del bufé para la despedida y antes de ello tenía que ir a los Múltiples a mandar una especie de bomba molotov...

CAPÍTULO 51.2

El cartero aparca a la altura del portal número 116 y se baja de la moto. El día estaba siendo especialmente aburrido, hacía tiempo que no se sentía realizado en el trabajo, y conducía por las calles de Mérida por inercia.

Abre su bolsa de cuero desgastado y busca el paquetito que tenía que entregar a nombre de Rodrigo de la Rosa, se acerca al telefonillo y sin preguntar le abren la puerta del portal. Odiaba el trato con los usuarios de correos, a menudo eran bordes y lo recibían molestos, como si él tuviera la culpa de que alguien le hubiese mandado algo.

Nada más entrar en el portal un chico vestido de jersey de pico y jeans desgastados le espera en la puerta de la casa.

—Buenos días, ¿Rodrigo de la Rosa?

—Sí, soy yo —contestó.

—Le traigo un paquete certificado. Por favor, dígame su DNI y firme aquí.

Tras rellenar los datos del cliente le da el paquete y le desea un buen día. No se acuerda cuándo fue la última vez que le trataron con respeto. Aquel chico se merecía un saludo especial, había sido muy educado.

—¡Disculpe! Señor... —Interrumpió los pensamientos del cartero.

—¿Sí? Puedo ayudarle en algo...

—El paquete no tiene remitente —dijo.

Se acerca de nuevo a la puerta y revisa el paquete del cliente, busca el código y rastrea su lugar de envío.

—Así es señor, solo le puedo decir que viene de la oficina de correos de los Múltiples en Cáceres, lo siento.

—Vale, no se preocupe. Muchas gracias por la información.

Le hubiese gustado quedarse detrás de la puerta con la oreja pegada a ella por si el cliente daba algún gritito de alegría o alguna pista de lo que se encontraba en su interior, al fin y al cabo, eso había sido lo más emocionante que le había pasado en todo el día.

CAPÍTULO 52

Los invitados iban llegando de un blanco impoluto y con ganas de divertirse. En la puerta, dos chicas con unos enormes zancos vestidas de fantasía y dos metros de altura van dando paso a las mujeres por la derecha y a los hombres por la izquierda, los futuros novios aún no han aparecido. Lucas y Joaquín esperaban en casa de los padres del novio a que su madre terminara de decidirse entre unos zapatos blanco charol o unas botas color rosa palo, pasándose por la suela de ambos el protocolo y el deseo de su futura nuera.
—Venga mamá por favor, que voy a llegar tarde a mi despedida de soltero.
—No es culpa mía que tu novia quiera una fiesta hippie. No sé en qué estaríais pensando... —protesta Celeste, indignada.

Eso de que ella no haya podido meter mano en los preparativos es algo que no llevaba demasiado bien.
—Mamá ponte los zapatos que quieras, y vámonos ya, por favor, tengamos la fiesta en paz —suplica Joaquín mientras frota su entrecejo.
El padre de Joaquín está sentado en el sofá ojeando el periódico Extremadura, acostumbrado a las llamadas de atención de su mujer.
—Joaquín, ¿qué te preocupa? —preguntó Lucas.
—Nada en concreto, me ponen nervioso los actos sociales. Llevamos poco tiempo saliendo, no ha habido demasiados encuentros familiares. Me gustaría que saliese todo bien, no quiero que nadie se sienta desplazado —contestó y agachó la cabeza.

Lucas le puso su mano en el hombro y le dijo

—Tranquilo, Paula y yo, hemos cuidado hasta el último detalle. Nadie se va a sentir fuera de lugar, hay un montón de sorpresas preparadas para que sea ameno y todo el mundo participe, no tienes de que preocuparte, confía en mí.

—Gracias Lucas, eres un buen amigo, me siento mucho mejor, ¡venga mamá, me voy sin ti, te lo prometo! —gritó Joaquín desde la entrada de casa.

—Por cierto ¿sabes si ha pasado algo entre Paula y mi ahijada? —preguntó Joaquín.

—No, que yo sepa —contesté omitiendo que había llegado un paquete a Trébol del que no había vuelto a saber nada—. ¿Por qué?

—Esta mañana Marta ha llamado que no venían a la despedida, y no ha dado ninguna explicación. Supongo que no es nada, es un poco bipolar, a lo mejor se ha levantado con el pie izquierdo... pero me apena un poco que no esté conmigo hoy —contestó.

Lucas dio por hecho, que finalmente Elisabeth le había contado todo sobre mi y sobre Ian a Joaquín, de no ser así, no habría reparado en que yo tuviese algo de culpa. Justo antes de que se hiciera un incómodo silencio entre ellos, Celeste bajaba de la planta de arriba con sus botines rosa palo, por supuesto...

—Tanto paripé para terminar poniéndote los zapatos que no debes, es increíble mamá. —Reprocha Joaquín a su madre mientras busca la mirada cómplice de su padre. No hubo apoyo visual por su parte. El señor Luis dejó el periódico apoyado en la mesita, estiró varias veces su americana, cogió las llaves de su Land Rover 7 plazas y se dirigió sin pronunciar palabra hacia la puerta del garaje.

Llamé a Lucas desesperada, cuando ellos estaban a punto de entrar en el coche. Le expliqué que la novia ya había llegado, y había disimulado la falta del novio brindando con un coctel íntimo entre Elisabeth, Patricia y yo.

—Lucas, como tardéis mucho, Lisa va a estar borracha antes de que salgan los canapés. ¡Por favor, venid ya! —dije.

—Tardamos diez minutos, te lo prometo... —mintió Lucas—, casi puedo verte desde aquí. Por cierto, ¿sabías que Marta ha avisado esta mañana de que no viene a la despedida? ¿tiene algo que ver con la misteriosa caja?

—Ni idea —contesté, dando por finalizada la llamada.

(...)

Me reencontré con las chicas.

Quería beberme todas las botellas de Martini blanco que hubiese en la barra del bar, estaba segura de que Lucas sospechaba que mi respuesta no había sido sincera.

—¡Ey! ¿Has visto un fantasma o qué? —preguntó Lisa.

—Eh... no, que va, por qué dices eso boba, ¿ya estás borracha? Mira que eres la prota del día y tu suegra te va a estar observando con lupa. —Bromeé con la esperanza de que se olvidara de mi cara y no intuyese que tenía un problemón.

Las chicas rieron a carcajadas, Isabel se acercó y chocó su copa contra la mía.

—Aún no ha empezado el evento y ya estoy orgullosa del equipo, Paula, la compañía Trébol tiene suerte de teneros a Lucas y a ti en ella. Yo, tengo mucha suerte de teneros —dijo.

—La suerte es nuestra.

Nos abrazamos el tiempo suficiente como para saber que aquella relación se afianzaba, que nuestro camino laboral, no había hecho más que empezar. Justo, cuando nos separábamos de aquel abrazo Lucas entraba por la puerta de la sala del convite.

—¡Vaya! Me he quedado sin abrazo por llegar tarde.

—¡De eso nada! —dijo Isabel.

Y como si fuese una escena de Melrose Place nos fundimos en un abrazo los tres.

Los invitados empezaron a llenar el lugar poco a poco. Las dos salas principales colindaban a la sala de música. Había invitados en el jardín disfrutando del aire más puro, ya que se encontraba en la zona más alta de la masía. Las vistas desde allí eran espectaculares, el verde de la montaña daba paz y serenidad a todo lo que le rodeaba, allí incluso el alcohol parecía agua bendita.

Habíamos colocado dos barras al lado de cada entrada, desde donde también se podía disfrutar de la música. Colocamos mesas con diferentes alturas para que pudiesen disfrutar cómodamente, de una variedad bastante sugerente al igual que extensa, de vermuts y licores para abrir el apetito. El lugar parecía salido de un cuento de hadas. El jardín estaba decorado con largas telas blancas que salían de los árboles y formaban diferentes ondas de esquina a esquina. En el interior tampoco faltaba detalle, habíamos colocado mesas en las esquinas de la sala para que quedará espacio en el que bailar o agruparse mayormente. A la mesa principal, colocada en plena pista, descendían rayos de luz natural, que se colaban por un socavón del techo del salón. De él colgaban distintas telas de colores que sujetaban pétalos y mariposas sobre la mesa donde estratégicamente sentaríamos a los novios y a sus padres en un momento concreto del evento. Las columnas estaban revestidas de globos dorados, a los lados de la barra principal habíamos colocado dos grandes árboles, sobre sus ramas colgaban flores silvestres perfectamente colocadas para armonizar el lugar y darle color. Creo que ni Joaquín, ni Lisa, se imaginaban todo lo que iba a suceder allí.

La banda tocaba música de los años 90 rememorando nuestra época de bares, discotecas y pubs por la Madrila. El grupo había tocado muchas veces en La Habana, nos pusimos en contacto con su propietario, Pache, para que nos ayudara a localizarlos, nos orientara con la contratación y nos hiciera de mediador. No había nada como dar con gente eficiente y responsable para que las cosas salieran bien. Absolutamente toda la sala estaba en pie, por lo que podía aventurarme a decir que la música estaba siendo un éxito. Elisabeth y Lidia estaban bromeando sobre los zapatos color maldito que rompían la estética del blanco integral del resto de invitados.

—Esa cabrona lo ha hecho para darme mal fario. ¡Seguro! Ahora que cuando lleve un par de copitas, se me va a resbalar la copa de vino tinto para que su falda vaya a juego con los zapatos —dijo Lisa.

—¡Ni se te ocurra hacer eso! Lis, que es tu futura suegra. Te va a odiar de por vida —intervino Lidia.

—Ya me odia —dijo mientras levantaba su copa en dirección a Miss Zapatos Malditos que la observaba con cara de "revenía" al otro lado de la sala.

Max y Patricia acompañaban a Joaquín y a su familia. Debían llevar una conversación muy interesante porque Max estaba poniendo ojos de chino, y eso sólo le pasaba en dos ocasiones: cuando estaba borracho, o cuando no se estaba enterando de nada.

—Paula —dijo Lucas.

—¿Has visto que guapa está Lisa? Joder, parece una top model, no quiero ni imaginármela cuando sea su boda. El blanco le queda espectacular —dije a modo de metralleta en marcha.

—Sí, esta preciosa, ¿podemos hablar? —zanjó Lucas.

—Vale... sí... tengo algo que ver con la decisión de última hora de Marta —dije—. La caja que recibí en la oficina contenía un tanga mío. Creo que me lo dejé en casa de... bueno... ya sabes de quien... La última vez que... estuvimos juntos... Marta me lo envío a la oficina con una nota. Me dio a entender que habían pasado la noche juntos, y que ese... no era suyo. ¡Lo siento Lucas! No sé qué me pasó. ¡Me volví loca! Me dio mucha rabia su provocación, así que con las mimas, envíe el tanga a su novio con la nota de Marta y otra que decía que no eran mías, que eran de su novia. —Confesé mientras me avergonzaba.

Lucas me miró fijamente.

Dos, tres, cuatro, diez, quince segundos, sin pronunciar palabra, quizás menos, pero pareció mucho, muchísimo tiempo, un tiempo interminable. Su rostro parecía estar congelado, sus facciones estaban inmóviles. No tenía expresión en los ojos, su boca no decía nada, ni bueno, ni malo, tampoco hizo ni una sola mueca, ni una levantada leve de cejas, nada... hasta que de repente, se dio la media vuelta y se marchó.

—¡Lucas! Espera ¿estás bien? —grité.

Se movió rápido entre la gente, fui detrás de él lo más rápido que pude, pero lo perdí de vista después de esquivar por los pelos, la imponente barriga de Patricia. Me paré en seco y empecé a buscarlo entre los invitados con la mirada, el hecho de que todos estuvieran vestido de blanco no ayudaba en absoluto. Decidí buscar por los jardines, estaba a punto de alcanzar la puerta de salida, pero escuché un fuerte grito que venía de la barra.

—¡Traigan una fregona! —gritó el camarero.

Miré hacia el interior, pero no logré ver nada. Una especie de corrillo se había formado cerca de la barra, me acerqué para asegurarme de que todo iba bien. ¡Estupendo! Patricia había roto aguas en mitad de la pista, delante de todos los invitados de la despedida, rociando los zapatos de Celeste que pegaba saltitos, no estoy segura de si de alegría o de asco. Lo que sí sé, es que nuestra futura sobrina tenía ganas de nacer y se pasó por el forro el rosa palo de la señora, haciendo feliz a la futura novia que reía orgullosa de la venganza que le acababan de regalar...

Isabel llamó a un taxi, Max y ella se fueron hacia el hospital de San Pedro de Alcántara. La banda puso de fondo la música de Misión imposible y entre aplausos, silbidos y mensajes positivos, le desearon a los futuros padres una hora corta. Aquello me distrajo de mi afán por encontrar a Lucas. Lo había estado llamando sin cesar, hasta que después de dejarle veinte mensajes de voz en el contestador del teléfono, volví a intentarlo y el móvil apareció apagado. Supuse que se había ido porque tampoco estaba por los jardines.

Joaquín vino a preguntarme si todo iba bien, había visto como hablaba con Lucas y como éste se había ido sin más. No podía decirle que yo era la culpable de que su ahijada no estuviese allí y que ahora Lucas tampoco, ya teníamos demasiadas emociones por el momento. Tenía que centrarme en seguir con lo establecido para que el evento saliera bien, y los novios recibieran su lluvia de pétalos de rosa y mariposas con la canción de «El guardaespaldas» de fondo.

Ahora que tenía que encargarme de ello sin Lu, hasta me parecía ridículo. Quería salir de allí y explicarle que fue un arrebato, un impulso infantil... pero estaba en la despedida de mi mejor amiga y no podía fallarle.

—No se encuentra bien, se ha ido a descansar al coche —mentí.

—Vale Paula, mi ahijada esta fuera, y pregunta por ti. ¿Crees que puedes arreglar lo que sea que hayas hecho? —me pidió.

Supongo que estaba dando la nota, porque, aunque todo el escenario era blanco, me sentía de color fuego y la sangre había dejado de correr por mis venas en el mismo momento en el que Joaquín supuso que la culpa era mía.

—¿Va todo bien? —preguntó Lisa.

—No lo sé, pregúntaselo a tu amiga.

—No será por lo de las bragas... ja, ja, ja ¿Le habrán llegado ya? Ja, ja, ja joder, como me hubiese gustado verle el careto a la muy zorra ja, ja, ja —dijo mientras vertía el vino en el suelo.

—¿Qué bragas? ¿Qué está pasando aquí? Por Dios Elisabeth, ¡qué es mi ahijada! ¿Qué habéis hecho? No entiendo nada, ¿porque dices que es una zorra? —dijo Joaquín mirándonos confuso.

—Tranquilito guaperas... tu ahijada... es una zorra y punto. No ha hecho más que putear a la pobre Paula desde que se enteró de que estaba con Ian... Tranquilízate joder, le hemos mandado unas bragas, no una bomba... Don dramático de los cojones... siempre igual... que cansino, eres muy exagerado. —Sentenció y sin más estrés se largó a bailar a la pista, ante mi congelada y asombrada mirada.

—Joaquín, te lo explicaré, de verdad, pero ahora no es el momento, lo siento mucho, ha sido una chiquillada... Voy a solucionarlo... —le dije.

—Tenemos una conversación pendiente —dijo Joaquín y se fue.

Cogí aire y salí al jardín a enfrentarme de una vez con ella, estaba temblando y sentía un fuerte dolor en la boca del estómago. No sabía qué me iba a decir, y estaba apenada de todas las consecuencias que estaba teniendo aquel maldito tanga... Me coloqué cerca de una de las mesas altas que en ese momento se encontraba llena de canapés y bebidas a medio terminar, y la busqué con la mirada, pero no había rastro de Marta por ninguna parte. Anduve hasta el final de la terraza y esperé un poco, por si al final, ella había entrado a buscarme a mí y estábamos jugando al gato y al ratón. Aquella espera me estaba desesperando, intenté crear un discurso en mi cabeza lo suficientemente convincente como para convencerla de que se quedara en la fiesta, y que yo conseguiría que Rodrigo volviera... pero nada me sonaba lo suficientemente creíble como para tener que decirlo en voz alta cuando Marta apareciera. Me di la vuelta, apoyé los codos en la barandilla, cerré los ojos... y recé todo lo que se me pasó por la cabeza.

El ruido de unos pasos me devolvió a aquel instante, sentí como alguien se acercaba a mí, pero antes de darme la vuelta para ver de quien se trataba, unas manos varoniles me tapaban los ojos con fuerza. Quise quitarlas en seguida, aquello me estaba poniendo más nerviosa de lo que ya estaba, pero cada vez que lo intentaba él apretaba más. Dejé de intentarlo y comencé a palpar sus manos. Él acercó su pecho a mi espalda, y metió su nariz entre mi pelo hasta que llegó a mi nuca y me olió... Reconocí aquel gesto de inmediato y absolutamente todo mi cuerpo, reaccionó.

Lucas tenía poder sobre mí, su esencia me daba paz y me excitaba a partes iguales.

—Gracias por volver Lu, me siento fatal por mi comportamiento, quería salir a buscarte, pero Patricia se ha puesto de parto y he seguido con el evento sin ti...

—Shhhhh.

Empezó a besar mi cuello suavemente, ignorando mis palabras y a rozar sin disimulo su pantalón contra mi cuerpo. Estaba empezando a sentir un fuego delicioso entre las piernas. Sus manos seguían tapando mis ojos, había cierta excitación en aquello, el morbo de saber que los invitados entraban y salían de la sala y que nosotros estábamos firmando un tratado de paz, en aquel momento, con lo que cada vez se hacía más y más evidente entre sus piernas.

—¿Puedes destaparme los ojos ya? Necesito girarme, quiero besarte.

En un movimiento muy rápido, tapó mis ojos con una sola mano y liberó la otra para descender lenta por mis pechos hasta llegar al botón de mi falda de tubo. En un acto reflejo involuntario separé mis piernas, encogí mi vientre y su mano se disparó hacia el nacimiento de mi ropa interior. Liberó mis ojos, agarró mi pecho con decisión y me mordió el cuello con fuerza. No sabía si abrir los ojos o no, me daba miedo de estropear el momento si veía que había algún invitado cerca, aquello era muy morboso, la mano de Lucas cada vez estaba más hundida en mi tanga, miré al frente y vi a Marta sonriendo mientras sujetaba su móvil en alza. Al instante eché un paso hacia atrás, y golpeé a Lucas con la cabeza por el impulso.

—¿Así me vas a dejar, nena?

(…)

Me giré bruscamente, y vi a Lucas y a Rodrigo con su móvil en la mano, mirando en vivo tras su pantalla la escena que Marta estaba trasmitiendo en vivo...

(...)

¡Ian!

A mi acushla, Nieves Hidalgo.
Por regalarme sin saberlo el título de mi primera novela.

A José Manuel Rodriguez.
Por volver a pintorrear mi libro por amor.

Agradecida siempre,
Izaskun Franco.

»»» Lista de reproducción

1.- **Manolo García**
Sin que sepas de mí
2.- **Manolo García**
Pájaros de barro
3.- **David Bisbal**
Bulería, Bulería
4.- **Alanis Morissette**
Ironic
5.- **Mónica Naranjo**
Sobreviviré
6.- **Red Hot Chili Pepper**
Can't Stop
7.- **Jon bon Jovi**
It's my life
8.- **Dúo Dinámico**
Quince años
9.- **Daniel Santa Cruz**
Cuando un hombre se enamora
10.- **Aretha Franklin**
You send me
11.- **Aretha Franklin**
Think

Sin permiso_lanovela

Printed in Great Britain
by Amazon